Sabine Seyffert

Auf sanften Pfoten schleicht die Katze

Sabine Seyffert

Auf sanften Pfoten schleicht die Katze

Übungen und Geschichten zum Bewegen und Entspannen

Mit Illustrationen von
Karin Schliehe und Bernhard Mark

Kösel

ISBN 3-466-30515-2
© 2000 by Kösel-Verlag GmbH & Co., München
Printed in Germany. Alle Rechte vorbehalten
Druck und Bindung: Kösel, Kempten
Illustrationen und Umschlagmotiv: Karin Schliehe und Bernhard Mark, Reutlingen
Umschlag: Elisabeth Petersen, München

1 2 3 4 5 · 04 03 02 01 00

Inhalt

Vorwort

Seit einigen Jahren bin ich nun schon freiberuflich als Entspannungspädagogin tätig. In meinen Entspannungskursen für Kinder, an Informationsabenden für Eltern sowie bei den zahlreichen Fortbildungsveranstaltungen für PädagogInnen bekomme ich häufig die Angst und Scheu vor bestimmten Entspannungsmethoden zu spüren, obwohl ich bei Kindern jeden Alters damit stets positive Erfahrungen sammeln konnte.

Viele Eltern und PädagogInnen trauen sich jedoch oft überhaupt nicht an eine Entspannungsmethode, wie etwa das Autogene Training, heran. Das liegt zum Teil daran, dass sie entweder zu wenig darüber wissen, dass sie selbst unsicher sind, dass sie bisher keinerlei eigenen Erfahrungen damit gemacht haben oder dass sie es sich ganz einfach nicht zutrauen. Dabei sind Kinder in der Regel sehr offen und neugierig, was Übungen solcher Art betrifft.

Nach jeder meiner Veranstaltungen habe ich überlegt, *wie* sich das ändern ließe. Und so entstand schließlich die Idee, ein Buch zu schreiben, das nicht auf einer bestimmten Entspannungsmethode fußt, sondern eines, das spielerisch und mit Hilfe von zahlreichen Bewegungselementen versucht, Kinder an Möglichkeiten der Entspannung heranzuführen.

Dass Kinder in unserem hektischen und stressbeladenen Alltag dringend Entspannung brauchen, ist Ihnen sicherlich nicht unbekannt. Kinder sind viel zu vielen Reizen ausgesetzt und hohe Ansprüche vonseiten der Gesellschaft sowie enorme Leistungsanforderungen werden an sie gestellt, gegen die sie sich alleine nicht zur Wehr setzen können. Hinzu kommen die schlechten Bedingungen in Kindergarten und Schule, wo die Anzahl der Kinder einer Gruppe bzw. Klasse immer mehr aufgestockt wird. PädagogInnen können durch die Vielzahl der Kinder nicht jedem Einzelnen gerecht werden. Kinder brauchen liebevolle, ge-

duldige Unterstützung sowie einfühlsame Anleitungen, um Wege aus dem Stress zu finden.

Ein weiterer ganz wichtiger Aspekt, dem häufig leider zu wenig Bedeutung geschenkt wird, ist der *Bewegungsmangel* bei Kindern. Gerade dieser führt oft dazu, dass sie unruhig und unkonzentriert werden. Das macht es natürlich sehr schwer, gerade diese Kinder zur Stille zu führen, denn Kinder haben im Allgemeinen einen sehr starken Bewegungsdrang. Wegen der oftmals schlechten Wohnverhältnisse, wegen des geringen Spielraums in der Stadt, durch das lange Stillsitzen in der Schule oder auch zu Hause vor dem Fernseher (!) leben die Kinder ihren natürlichen Bewegungsdrang meist nicht oder nur sehr unzureichend aus.

Aus diesem Grunde möchte ich Ihnen in diesem Buch Übungen und Spiele vorstellen, die Sie zusammen mit Kindern ohne großen Aufwand, dafür aber mit großer Freude durchführen können.

Aufgrund der zahlreichen Bewegungselemente sowie der spielerischen Umsetzung der Übungen ist dieses Buch besonders für jüngere Kinder ab etwa zwei bis drei Jahren zu empfehlen, für die spezielle Entspannungsmethoden meist noch zu komplex sind. Mit Hilfe der Bewegungen leben die Kinder ihren natürlichen Bewegungsdrang während der jeweiligen Übung aus und kommen dadurch wieder zur Ruhe. Durch die Entspannung, die sich schließlich einstellt, wird es auch den jüngeren Kindern möglich, neue Kräfte und Energien für den meist stressigen Alltag zu sammeln.

In diesem Sinne wünsche ich allen Kindern viel Spaß beim Bewegen und Entspannen und Ihnen alles Gute bei der Durchführung!

Noch eine
Kleinigkeit zuvor ...

enn Sie mit den Kindern die Übungen und Spiele dieses Buches durchführen, sollten Sie einige Dinge beachten: *Zum Bewegen benötigen die Kinder ausreichend Platz und Freiraum.* Nur auf diese Weise wird es ihnen möglich, sich nach Herzenslust »auszutoben«. Die Kinder sollten sich dabei so bewegen können, dass sie nicht ständig darauf aufpassen müssen, ob sie irgendwo anstoßen oder etwas kaputtmachen. Aus diesem Grunde eignen sich für diese Übungen Räume, die weitläufig und groß genug sind und in denen wenig herumsteht. Gute Dienste leisten ein Gymnastikraum, eine Turnhalle, eine Aula oder auch einfach ein schöner Platz im Freien, wie beispielsweise eine schöne Wiese, ein heller Platz im nahe gelegenen Wald usw.

Dass in diesem Raum oder an diesem Ort möglichst wenig herumstehen sollte, ist nicht nur deswegen von Bedeutung, weil die Kinder sich ausgiebig bewegen können müssen. Sondern auch deshalb, weil es so wenig Reize wie möglich geben sollte, die die Kinder von dem eigentlichen Geschehen ablenken könnten. Kinder kommen dadurch schneller zur Ruhe und können sich somit wesentlich leichter entspannen. Wird aber etwa durch »interessantes« Material, das sich im Raum findet, durch viele Bilder an den Wänden o.Ä. ständig die Aufmerksamkeit der Kinder auf sich gezogen, werden Sie es als SpielleiterIn schwer haben, die Kinder davon fern zu halten.

Sicherlich sind manchmal die Raumbedingungen nicht so optimal, wie man es sich wünscht. In diesem Fall muss man einfach Abhilfe schaffen, indem man z.B. offene, voll gestellte Regale mit einer großen, einfarbigen Tischdecke oder mit einem Bettlaken zuhängt. Somit ist bereits ein Großteil an optischen Reizen verschwunden. Und viel Zeit nimmt dies nicht in Anspruch.

Des Weiteren sollten Sie für eine große Anzahl der folgenden Spiele Kissen, Decken oder Matten bereitstellen, damit die Kinder es sich darauf bequem und gemütlich machen können, um zum Schluss der Übungen wieder zur Ruhe zu kommen. Ein gemütliches Umfeld mit einer ruhigen, harmonischen Atmosphäre verhilft den Kindern dazu.

Versuchen Sie die Übungsanleitungen mit ganz ruhiger Stimme vorzutragen. Dadurch wird den Kindern schnell klar, dass die angeleiteten Bewegungen dazu dienen, wieder zur Ruhe zu kommen. Am besten ist es natürlich, wenn Sie den Text frei sprechen und in Ihren ganz persönlichen Worten wiedergeben. Auf diese Weise können Sie die Übung gezielt auf Ihre Kinder oder Ihre Gruppe abstimmen und je nach Verfassung der Kinder verkürzen, indem Sie etwas weglassen oder Ihren eigenen Vorstellungen entsprechend erweitern und ausbauen, wenn Sie merken, dass die Kinder ganz bei der Sache sind und Spaß an dem Spielgeschehen haben.

Es ist immer sehr schwierig, genaue Angaben zum Ablauf der Übungen zu machen oder exakt zu beschreiben, wie man diese oder jene Übung umsetzen sollte. Denn jedes Kind und jede Gruppe ist anders. Was auf ein Kind zutrifft, muss bei einem anderen noch lange nicht der Fall sein.

Deshalb möchte ich Ihnen mit meinen Übungen nur Ideen, Impulse und reichlich Selbstvertrauen mit auf den Weg geben, die Dinge so durchzuführen, wie die Kinder und Sie es gerne möchten. Denn Sie kennen die Kinder, mit denen Sie arbeiten, am allerbesten!

Kommen den Kindern eigene Ideen, versuchen Sie diese, wenn möglich, aufzugreifen und in den Übungsverlauf mit einzubeziehen. Je mehr die Kinder ihre eigenen Ideen und Wünsche verwirklichen dürfen, desto intensiver sind sie im Geschehen drin und nehmen mit großer Freude an den einzelnen Übungen teil!

Übrigens sollten Sie als SpielleiterIn nicht vergessen, die einzelnen Bewegungsabläufe gemeinsam mit den Kindern durchzuführen. Das bringt die Gruppen einander näher und Sie wirken nicht als Außenstehende(r).

Nur gegen Ende, wenn die Entspannungsphase eintritt, sollten Sie sich möglichst unauffällig »ausklinken«, um im Sitzen beobachten zu können, wie sich die einzelnen Kinder fühlen und was sie tun. Wenn sich ein Kind, aus welchen Gründen auch immer, einmal unwohl fühlen sollte und die Übung lieber vorzeitig abbrechen möchte, können Sie sich dann zu ihm setzen, bis die Übung schließlich beendet ist.

Außerdem empfiehlt es sich, im Anschluss an die Übung eine kleine Austauschrunde durchzuführen, während der alle die Möglichkeit haben, über ihre Eindrücke, Gefühle und Erlebnisse zu sprechen, auch wenn die Spiele aufgrund der Bewegungselemente nicht so sehr in die Tiefe gehen, wie dies bei Übungen bestimmter Entspannungsmethoden oder Phantasiereisen oft der Fall ist. Sie als SpielleiterIn werden selbst am besten spüren, welche Bedürfnisse die Kinder Ihrer Gruppe haben und was sie im Anschluss am liebsten machen möchten.

Zu guter Letzt noch eine Anregung: *Lassen Sie die Übungen lebendig werden!* Meist ist dazu nicht viel Aufwand erforderlich. Ein bisschen Schminke, bunte Tücher, passende Musik und/oder eine Verkleidungskiste leisten dabei tolle Dienste. Denn ein mit blauen Tüchern bedeckter Turnhallenboden lässt in der Phantasie alles schon viel eher wie das weite, blaue Meer wirken als ein trostlos grauer PVC-Boden, oder? Ein Schminkkasten verzaubert die Gesichter der Kinder im Handumdrehen in zauberhafte Wesen oder lustige Tiere und bunte Tücher bringen Farbe und zusätzlich Bewegung ins Spiel.

Ein kleiner Tipp

Wenn Sie regelmäßig mit diesem Buch arbeiten oder häufig ähnliche Übungen durchführen, bietet es sich an, die zuletzt genannten Dinge stets griffbereit in einer Holzkiste oder einem kleinen Regal zu deponieren.

Bewegt und entspannt durchs ganze Jahr

In dem folgenden Kapitel werden Sie für jeden Anlass die passende Übung finden. Sicherlich lassen sich dabei auch eigene Ideen oder Vorschläge der Kinder mit einbeziehen. Zu jedem der zwölf Monate habe ich eine Übung zum Bewegen und Entspannen vorgestellt. Und weil der eine oder andere von Ihnen wahrscheinlich intensiver mit den Übungen arbeiten möchte, werden alle Übungen von einem kleinen Entspannungsrätsel eingeleitet, das auf die Übungen einstimmt oder diese auch vertiefend ergänzen kann.

An dieser Stelle noch eine Anmerkung zu den Entspannungsrätseln: Lassen Sie den Kindern vorher etwas Zeit, um es sich ganz gemütlich zu machen. Am besten legen die Kinder sich hin und schließen ihre Augen, damit sie sich den Inhalt bildlich vorstellen können. Weisen Sie sie darauf hin, dass kein Wort gesprochen werden soll, während die Entspannungsrätsel erzählt werden. Erst wenn alle Kinder durch tiefes Ein- und Ausatmen, Recken und Strecken die Entspannungsphase beendet haben, dürfen sie des Rätsels Lösung kundtun.

Im Übrigen sind diese Entspannungsrätsel gut als Einstieg in die Entspannungsarbeit mit Kindern geeignet, da sie stets eine überschaubare Länge haben und nicht so viel Aufmerksamkeit und Geduld voraussetzen wie beispielsweise Phantasiereisen. Dennoch hören die Kinder den Entspannungsrätseln sehr gerne, vollkommen still und mit absoluter Aufmerksamkeit zu, da sie schließlich durch den erzählten Text die Lösung des Rätsels herausfinden möchten.

Legen Sie nicht so viel Wert auf die richtige Lösung des Rätsels. Auch wenn die Kinder auf eine andere Lösung kommen, ist das vollkommen in Ordnung. Es kommt mehr darauf an, dass die Kinder einen Moment lang die innere Ruhe genießen und dass ihre Phantasie sowie ihr Vorstellungsvermögen auf spielerische Weise gefördert werden.

Im Januar

Ein Schlitten

Der Winter ist deine liebste Jahreszeit ... Wenn es draußen richtig schön kalt ist und der Schnee in dicken Flocken vom Himmel fällt, holen die Kinder dich aus ihren Kellern ... Meistens bist du aus schönem Holz ... Unter dir befinden sich Kufen, die ganz sanft durch den Schnee gleiten, der im Winter auf dem Boden liegt ... Es macht großen Spaß, auf dir zu sitzen und einen kleinen, mit Schnee bedeckten Hügel hinunterzusausen ... Anschließend zieht man dich hinter sich her, den Berg wieder hinauf, um ihn nochmals mit dir hinunterzufahren ... Denn das macht großen Spaß ... Und wenn man schließlich eine rote Nasenspitze hat vor lauter Kälte und Schneeflocken, die einem um die Nase wehen, geht man nach Hause ... Dich zieht man dann an einer lan-

gen Kordel hinter sich her ... Zu Hause angekommen, stellt man dich aufrecht hin, so dass du gut trocknen kannst ... Hast du erraten, was du in diesem Rätsel gewesen bist?

Komm, kleine Schneeflocke, tanze

Material: evtl. meditative Musik; Kassettenrecorder
Anzahl der SpielerInnen: ab 4 Kindern

Suche dir hier im Raum einen gemütlichen Platz, an dem du dich hinlegen kannst ...

Lassen Sie den SpielerInnen genug Zeit, sich einen eigenen Ort zu suchen, an den sie sich legen möchten.

Mach es dir dort ganz bequem ... Dann stell dir vor, du wärst eine kleine Schneeflocke, die im Himmel ganz versteckt in einer weichen, weißen Schneewolke liegt und schläft ... Du bist nun eine kleine, wunderschöne Schneeflocke ... Du liegst eingekuschelt in der Schneewolke und träumst dabei einen schönen, winterlichen Traum … Ganz ruhig und entspannt bist du dabei …

An dieser Stelle kann ganz leise meditative Musik eingeblendet werden.
Die Spielleitung geht von Kind zu Kind und streichelt jedem Einzelnen sanft über den Kopf.

Nun hat dich der Winter sanft geweckt und du reckst und streckst dich ausgiebig … Schließlich hast du einen weiten Weg vor dir … Denn bis du auf der Erde landen kannst, fliegst, segelst und tanzt du munter durch die Luft … Langsam streckst du deine Glieder und stehst auf …

Die Reck- und Streckbewegungen werden, wie in der Übungsanleitung beschrieben, durchgeführt.

Noch einmal schüttelst du deine Arme und Beine aus … Lockerst deine Schultern …

Zwei- bis dreimal die Schultern zum Kopf hochziehen und wieder locker lassen.

Und nun machst du dich auf die Reise zur Erde … Und vor lauter Freude, dass es endlich so weit ist, tanzt du munter und ausgelassen durch die Lüfte … Manchmal drehst du dich im Kreis …

Alle tanzen fröhlich umher, ohne dabei einen anderen zu berühren.

Dann fasst du eine andere Schneeflocke an den Händen und ihr tanzt gemeinsam durch den Himmel … Immer näher kommt ihr dabei der Erde …

Immer zwei Kinder nehmen sich an die Hand und tanzen zusammen.

Nun tanzt du das letzte Stück des Weges wieder allein, so, wie es dir gefällt …

Die Kinder lassen einander wieder los und tanzen noch einen kurzen Moment alleine im Raum umher.

Und nun berührst du schon fast den Boden ... Viel lieber möchtest du noch eine Weile weitertanzen ... Mit letzter Kraft tanzt du weiter ...

Dazu leicht in die Hocke gehen und langsam weitertanzen.

Nun hast du keine Kraft mehr ... Ganz vorsichtig und sanft landest du auf dem Boden ...

Alle Kinder begeben sich an einen Platz ihrer Wahl und legen sich auf den Boden.

Dort machst du es dir ganz bequem ... Du bist vollkommen außer Atem und vor lauter Erschöpfung fallen dir die Augen zu ...

Alle Kinder schließen nun ihre Augen und hören ganz still der weiteren Erzählung zu.

Dein Körper ist nun ganz ruhig und vollkommen entspannt ... In deinen Armen und in deinen Beinen kannst du eine angenehme Schwere spüren ... Denn das viele Tanzen hat dich ganz schön angestrengt ... Wohlig schwer und ganz geborgen fühlst du dich ... Ruhe dich noch eine Weile aus, um neue Kraft für den nächsten Winter zu sammeln ...

Mindestens eine 60 bis 90 Sekunden dauernde Pause einlegen.

Nun beende die Übung in deinem eigenen Tempo, indem du ganz tief ein- und ausatmest ... Indem du dich reckst und streckst ... Und dann deine Augen öffnest und mit deiner ganzen Aufmerksamkeit zurück in diesen Raum kommst ...

Wichtig: Diesen letzten Absatz sprechen Sie bitte mit lauter, kräftiger Stimme, damit die Kinder sofort erkennen, dass die Entspannungsphase beendet ist! Das ist sehr wichtig für den Kreislauf und alle anderen Funktionen im Körper. Denn auf diese Weise wird deutlich, dass nun wieder alles seinen gewohnten Gang nimmt und die Kinder wieder frisch, aufmerksam und konzentriert sein müssen.

Bitte vergessen Sie das nie! Ansonsten kann es passieren, dass die Kinder keine Lust haben, die Entspannungsphase zu beenden, und dass sie sich anschließend müde und schlapp fühlen und ihr Kreislauf nicht wieder richtig in Fahrt kommt.

✓ Anmerkung

In dieser ersten Spielgeschichte zum Bewegen und Entspannen wurden alle Bewegungsangaben, die während der Geschichte durchgeführt werden sollen, *kursiv* gesetzt. Auf diese Weise erhalten Sie sofort einen Einblick über sämtliche Bewegungsabläufe, die diese Übung begleiten. Bei den folgenden Spielgeschichten und Übungen werde ich darauf verzichten, weil die Bewegungen in der Regel aus der Geschichte hervorgehen. Zudem haben die Kinder ohne feste Vorgaben mehr Freiraum, sich selbst zu überlegen, wie sie das Erzählte umsetzen. Wenn dennoch einmal etwas ganz Bestimmtes getan werden soll oder ein fester Ablauf von Wichtigkeit ist, werde ich dies selbstverständlich entsprechend kennzeichnen.

Wenn Sie möchten, können Sie übrigens bei dieser ersten Geschichte auch am Anfang nach dem ersten Abschnitt meditative Musik einblenden, die die Kinder durch ihren winterlichen Traum führt und die Ruhe betont. Nachdem Sie allen Kindern über den Kopf gestrichen haben, wird die Musik einfach ausgeblendet und Sie erzählen mit ruhiger Stimme weiter.

Wenn mehrere Kinder mitspielen, können Sie die Anrede selbstverständlich auch in Plural umwandeln, so dass sich alle Kinder angesprochen fühlen.

An dieser Stelle möchte ich noch einmal betonen, dass Sie am Ende der Übung die Kinder mit kräftiger Stimme auffordern müssen, die Übung in ihrem eigenen Tempo zu beenden. Das mag übertrieben klingen, ist für die Kinder und alle körperlichen Abläufe aber von enorm großer Wichtigkeit. Wenn sich die Kinder gezielt eine Zeit lang entspannen, müssen sie anschließend unbedingt wieder ins Hier und Jetzt zurückfinden. Und das ist mit einer kraftvollen Stimme wesentlich einfacher. Zudem sollen sich alle SpielerInnen ausgiebig recken und strecken, damit all die wichtigen Körperfunktionen wieder ihre Arbeit aufnehmen.

Noch ein kleiner Tipp:
Falls es Ihnen und den Kindern lieber ist, könnte man bei dieser Übung als Schlusssignal auch ein paar Glöckchen, etwa mit Hilfe eines Schellenkranzes, erklingen lassen. Das passt gut zur Jahreszeit und kann es den Kindern ebenfalls erleichtern, aus der Übung in die Realität zurückzufinden. In diesem Fall müssen Sie den Kindern vor Beginn der Übung mitteilen, dass dieser Klang die Übung beendet und dass sie sich anschließend recken, strecken und tief ein- und ausatmen sollen.

Im Februar

Fasching

ich gibt es nur einmal im Jahr, im Februar … An einem Montag, der nach einer stolzen Blume benannt ist, gehen viele Leute auf die Straße … Dabei verkleiden sie sich und bemalen ihre Gesichter mit bunten Farben … Durch die Straßen fahren an diesem Tag selbst gebaute

Fahrzeuge oder Pappfiguren ... Von den Fahrzeugen regnen bunte Bonbons herab, die die verkleideten Menschen, die am Straßenrand stehen, aufzufangen versuchen ... Dazu wird meist laute, sehr lustige Musik gespielt ... Alle Menschen sind dabei fröhlich und ausgelassen ... Als was hast du dich verkleidet im ... ?

Karneval

> Material: heitere, lustige Tanzmusik; Kassettenrecorder
> Anzahl der SpielerInnen: mindestens 4 Kinder

Stell dir einmal vor, es ist Karneval ... Du hast dich als Clown verkleidet und bist gut gelaunt ... Kunterbunt und fröhlich ist dein Kostüm, dass du dir überziehst ...

Nun schmink dir noch dein Gesicht ... Du kannst dir eine dicke, rote, kugelrunde Clownsnase, bunte Punkte und einen lachenden Mund ins Gesicht malen ... Genauso, wie du als Clown gerne aussehen möchtest ...

Als lustiger Clown ziehst du nun durch die Straßen ... Du schreitest mit schnellen Schritten voran, denn du möchtest natürlich den Rosenmontagszug nicht verpassen ... Schneller und schneller werden deine Schritte ... Noch ein bisschen schneller ...

Die Tanzmusik wird leise eingeblendet und zunehmend lauter.

Oh, was ist das ... Du hörst mit einem Mal lustige Musik ... Und gut gelaunt, wie du bist, fängst du an, zu der Musik zu tanzen ...

Vielleicht entdeckst du noch andere Clowns ... Wenn du Lust hast, kannst du mit ihnen gemeinsam tanzen und dich zu der Tanzmusik bewegen ...

Langsam wird es Abend und alle Menschen, die auch Karneval gefeiert haben, gehen wieder nach Hause ... Auch du bist mittlerweile müde geworden vom vielen Feiern und Tanzen ... Als du zu Hause ankommst, legst du dich sofort in dein Bett und schließt die Augen ... Vollkommen ruhig und entspannt bist du nun ... Du spürst in deinem Körper eine angenehme Schwere ... Deine Decke hält dich ganz warm und geborgen ... Und so schläfst du schließlich ein und träumst vom Karneval ...

Wichtig: Nicht vergessen, die Kinder wie zuvor beschrieben aus der Übung zurückholen.

Anmerkung

Wenn die Kinder Lust haben und Zeit dafür ist, können sie sich zu dieser Übung natürlich wirklich verkleiden und sich schminken. Dann allerdings sollten Sie ausreichend Zeit für die Durchführung einplanen! Um die Atmosphäre im Karneval hervorzuheben und den Kindern weitere Bewegungsideen zu vermitteln, können Sie sicherlich auch einige Ballons, Hüte, Luftschlangen, Bälle und/oder Konfetti im Raum verteilen. Diese Dinge regen die Phantasie der Kinder zusätzlich an. Achten Sie nur darauf, dass Sie den Kindern nicht zu viel Material zum Tanzen zur Verfügung stellen, sonst kommt Unruhe auf. Wählen Sie lieber ein oder zwei verschiedene Materialien aus. Hüte und Ballons beispielsweise könnten die Clowns dann während des Feierns und Tanzens durch die Luft werfen, wieder auffangen oder sich gegenseitig zurollen. Ältere Kinder könnten auch ganz eigenständig einen richtigen Tanz mit verschiedenen Bewegungsabfolgen entwickeln!

Im März

Ein Blumenstrauß

Du bestehst aus vielen bunten Blumen, die man auf einer wunderschönen grünen Wiese, in einem Beet oder im Garten gepflückt hat ... Dich gibt es in zahlreichen Farben ... Meist verschenkt man dich an jemanden, den man sehr gerne hat oder dem man eine Freude machen möchte ... Anschließend stellt man dich in eine Vase, die mit etwas Wasser gefüllt ist ... Mit dem Wasser kannst du deinen Durst löschen und deine Farbenpracht bleibt länger erhalten ... Wenn du in einer Vase stehst, schmückst du die Fensterbank oder den Tisch ... Wenn man an dir riecht, verströmen deine Blüten einen wunderbaren Duft ... Weißt du nun, wer du in diesem Rätsel warst?

Ich pflanz mir eine Blume

Anzahl der SpielerInnen: mindestens 1 Kind

Stell dir einmal vor, du bist eine kleine Blumenzwiebel, die man eingepflanzt hat ... Ganz ruhig und vollkommen still liegst du zusammengerollt in deinem warmen Bett, tief unter der Erde ... Die Erde gibt dir Schutz und Geborgenheit ... Vollkommen ruhig und entspannt bist du ... Genieße die Ruhe und versuche, ganz viel Kraft zu sammeln ... Denn wenn es Frühling wird, beginnst du zu wachsen, bis du eine richtige Blume bist ...

30 bis 60 Sekunden Pause.

So liegst du also da, bis du auf einmal spürst, wie viele Sonnenstrahlen die Erde erwärmen und wie ganz viel Kraft in dir fließt ...

Ca. 15 bis 30 Sekunden Pause.

Nun wackelst du als Erstes mit deinen Zehen hin und her ... Weil du so lange gelegen hast, musst du jetzt deinen Körper erst einmal aufwecken ... Auch deine Hände machst du zu festen Fäusten ... Langsam gehst du vom Liegen in die Hocke ... Du spürst tief in dir, dass endlich der Moment gekommen ist, auf den du so lange gewartet hast ... Endlich hast du genug Kraft gesammelt, und du bist bereit, zu einer wunderschönen Blume heranzuwachsen ... Deine Hände recken sich ganz langsam nach oben ... Immer höher und höher strecken sich deine Arme und machen so den Weg durch die Erde frei ...

Puh, geschafft! Endlich ist dein oberer Teil, die Blumenknospe, durch die Erdoberfläche gestoßen ...

Die beiden Hände bzw. Arme sind dabei senkrecht nach oben ausgestreckt.

Langsam wächst du weiter und weiter ... Du wirst immer größer und größer ...

Dabei in langsamem Tempo aus der Hocke aufstehen, bis man richtig auf beiden Beinen steht! Die Arme sind dabei immer noch nach oben ausgestreckt.

Du bist zu einer wunderschönen Blume geworden ... Ein grüner, fester Stiel gibt dir Halt ... Deine Wurzeln stecken so tief in der Erde, dass dir auch der Wind nichts anhaben kann ... Du schaust dir deine Umgebung an und wanderst mit deinen Augen hin und her, bis du alles in deiner Umgebung erkundet hast ...

Die Sonne steht immer noch hoch oben am Himmel ... Gerade hat sie dich entdeckt und zur Begrüßung schickt sie dir einige ihrer warmen Sonnenstrahlen ... Die Sonnenstrahlen sind so warm, dass sie deine Blüte öffnen ...

Die Arme fallen sachte zur rechten bzw. linken Seite, bis sie etwa im rechten Winkel vom Oberkörper weggestreckt sind.

Ihre Farbe leuchtet im hellen Licht der Sonne und so kannst du die wohltuende Wärme noch besser in dir aufnehmen ...

Langsam neigt sich der Tag dem Ende zu ... Die Sonne verabschiedet sich von dir ... Auch du bist erschöpft von diesem anstrengenden Tag, an dem du so viel gewachsen und so groß geworden bist ... Du machst es dir auf der Erde bequem und legst dich schlafen ...

Und da fallen dir auch schon die Augen zu ... Im Traum wärmen dich die vielen Sonnenstrahlen ... Spüre die angenehme Wärme tief in dir ...

Ca. 30 Sekunden Pause.

Bitte zum Schluss nicht vergessen, die Übung auf die gewohnte Weise zu beenden!

✔ Anmerkung

Noch schöner wird diese Übung, wenn Sie alle teilnehmenden Kinder mit einem braunen Bettlaken, einigen Streifen braunen Krepppapiers oder einem Schwungtuch zudecken. So entsteht bei den Kindern der Eindruck, als würden sie wirklich wie eine Blumenzwiebel tief in der Erde schlummern! Und wenn sie sich schließlich aufrichten und wachsen, müssen sie die Bettlaken mit Hilfe der ausgestreckten Arme zur Seite schieben, so, wie es auch die Blumen beim Wachsen mit der Erde tun.

Im April

Ostern

u wirst nur einmal im Jahr gefeiert ... Alle Kinder sind dann sehr gespannt und hoffen, dass an diesen Tagen gutes Wetter ist ... Denn dann dürfen die Kinder draußen im Garten oder auf einer Wiese bunte Eier suchen, die dort für sie versteckt wurden ... Manchmal liegen die Eier auch in einem kleinen Nest ... Für dieses Fest wird alles mit bunt bemalten Eiern und mit Häschen geschmückt ... Jeder weiß dann, dass du nicht mehr weit bist ... Kannst du dir denken, was du bist?

Wo bist du, lieber Osterhase

Material: grüne Stoffreste; Bettlaken o.Ä.; Pappkartons; evtl. Stühle

Vorbereitung: Gegebenenfalls die grünen Bettlaken, Stoffe etc. im Raum auf dem Boden verteilen, so dass eine kleine hügelige Graslandschaft entsteht, die auch Versteckmöglichkeiten bietet. Zum Beispiel einen mit grünem Stoff bedeckten Stuhl, einen kleinen Tisch, eine Kiste oder einen Pappkarton, hinter den sich die Hasen verstecken können.

Anzahl der SpielerInnen: ab 2 Kindern

tell dir einmal vor, du bist der Osterhase ... Du hast ein weiches, braunes Fell und einen weißen Stummelschwanz ... Du warst in diesem Jahr ganz besonders fleißig und hast viele, viele Ostereier bemalt, die du für die Menschenkinder auf der Wiese verstecken möchtest ... Du legst also ganz vorsichtig ein Ei nach dem anderen in deinen Hasenrucksack, so dass keines dabei zerbricht ...

Das Einpacken der Eier in den Rucksack wird lediglich pantomimisch dargestellt.

Nun setzt du dir deinen schweren Rucksack auf den Rücken ... Puh, fühl mal, wie schwer er auf deinen Schultern sitzt ... Mühsam hoppelst du mit deinem schweren Rucksack über die Wiese ... Hopp ... Hopp ... Hopp ...

Schnell geht es leider nicht, denn der Rucksack ist wirklich sehr schwer und außerdem dürfen auch die Eier für die Menschenkinder nicht kaputtgehen ... Hopp, hopp, hopp hoppelst du deines Weges ...

Und dabei versteckst du mal hier und mal dort ein Osterei ...

Schließlich hast du alle Ostereier auf der Wiese versteckt ... Ist das schön, die schwere Last nicht mehr auf deinem Rücken zu haben ... Vergnügt und munter hoppelst du über die Wiese ... Kreuz und quer hoppelst und hüpfst du herum ... Und da machst du vor lauter Freude einen Purzelbaum, denn schließlich musst du nun auf keine zerbrechlichen Ostereier mehr Acht geben ...

Oh, es ist schon spät ... Du hast bereits ein Kind auf der Wiese entdeckt ... Nun musst du dich ganz schnell verstecken, damit dich keiner entdeckt ... Schließlich sollen die Kinder überrascht werden ... Ganz mucksmäuschenstill sitzt du in deinem Hasenversteck und traust dich kaum zu atmen ... Dein kleines Hasenherz ist ganz aufgeregt ...

Alle Gefahr vorbei ... Das Kind hat dich nicht entdeckt ... Nun aber rasch nach Hause ... Du hoppelst über Stock und Stein ...

Bis du in deiner Hasenhöhle ankommst ... Dort legst du dich hin, um dich auszuruhen ... Vor lauter Erschöpfung fallen dir sofort die Augen zu ... Ganz ruhig und entspannt bist du nun ... In deinem Körper spürst du eine angenehme Schwere ... Deine Decke hält dich ganz warm und geborgen ... Und so kannst du dich von allen Anstrengungen erholen ... Nimm dir dazu so viel Zeit, wie du brauchst ...

Die Übung bitte dann wie gewohnt beenden!

 **Anmerkung**

Natürlich können Sie diese Übung auch ohne aufwendige Dekoration durchführen. Den Kindern macht es allerdings noch mehr Spaß, wenn sie durch eine imaginäre grüne Landschaft hüpfen können. Wenn man diese dann ab und zu auch noch verändert, bringt das Abwechslung in die Übung. Vielleicht können Sie die Dekoration den Kindern anschließend eine Zeit lang im Freispiel zur Verfügung stellen oder sie anderweitig, beispielsweise für eine Turnstunde oder für Feierlichkeiten, nutzen.

Im Mai

Ein Garten

u schmückst fast jedes Haus ... Manchmal befindest du dich vor einem Haus und ein anderes Mal dahinter ... Oft ziert dich ein langer Zaun ... Und in dir gibt es lauter schöne Dinge ... Wiese ... Bäume ... Sträucher ... Oder auch Beete, in denen Gemüse angebaut wird, oder tolle, duftende Kräuter ... In dir wachsen meistens schöne bunte Blumen ... Wenn Kinder in dir spielen, findet man auch so manches Mal eine Schaukel oder gar eine Rutsche ... Weißt du, was du bist?

Schau, die bunten Blumen

Material: evtl. meditative Musik; Kassettenrecorder; mehrere Rhythmik-, Seiden- oder Chiffontücher in verschiedenen Farben

Vorbereitung: die Rhythmiktücher gleichmäßig auf dem Boden im Raum verteilen

Anzahl der SpielerInnen: mindestens 6 Kinder

Du befindest dich auf einer wunderschönen grünen Wiese ... Es ist ein herrlicher und sonniger Tag ... Der Himmel ist ganz und gar blau und keine einzige Wolke ist an ihm zu sehen ... Die Sonne leuchtet hell und warm ... Die warmen Sonnenstrahlen kitzeln dich und deswegen räkelst du dich ... Du streckst deine Arme dabei dem Himmel entgegen ... Du gähnst herzhaft ... Und machst dich dann auf den Weg, die Wiese zu erkunden ...

Dabei spürst du das weiche Gras unter deinen Füßen ... Manchmal kitzeln die kleinen Grashalme richtig unter deinen Fußsohlen ... Deswegen musst du ab und zu leise lachen ... Du gehst kreuz und quer über die Wiese und durch das warme Gras spazieren, so, wie es dir gefällt ... Aber du musst aufpassen, dass du keine Blume zertrittst ...

Die bunten Blumen, die auf dieser Wiese wachsen, verströmen einen wunderbaren Duft, der dich herrlich entspannen lässt ... Riech den Duft der Blumen und nimm ihn tief in dir auf ... Du kannst dich auch neben eine der bunten Blumen ins Gras hocken und an ihr riechen ... Atme den Duft ganz tief ein ... Und noch einmal ... Atme ruhig ein paar mal ganz tief ein und aus, um den herrlichen Duft ganz tief in dir aufzunehmen ...

Du fühlst dich nun vollkommen ruhig und entspannt ... Du kuschelst dich neben deine Blume ins warme Gras ... Du beobachtest die

Blume neben dir eine Weile und schließt dann deine Augen, um einen Augenblick zu verschnaufen ... Vor deinem inneren Auge taucht die Blume auf ... Du erkennst sie ganz genau ... Ihre Form und Größe ... Ihre bunten Blütenblätter und auch ihren wohltuenden Geruch ... Schau dir deine Blume mit geschlossenen Augen noch einmal ganz genau an ...

(30 bis 60 Sekunden)

Und da hörst du im Traum die Blume leise sagen: »Wenn du wieder einmal neue Kraft gebrauchen kannst und dich ausruhen möchtest, mach es dir einfach irgendwo gemütlich und schließe deine Augen. Wenn du dir mich dann vor deinem inneren Auge vorstellst, wirst du wieder zu neuen Kräften kommen und dich prima entspannen.«

Das ist ja toll, geht es dir durch den Kopf ... Du merkst dir gut, wie die Blume aussieht, und machst dich dann auf den Heimweg.

Bitte danach die Übung wie gewohnt beenden!

Anmerkung

Falls Sie nicht genügend bunte Tücher zur Verfügung haben sollten, kann man sich auch mit bunten Stoffresten oder selbst gebastelten Blumen aus Krepppapier behelfen.

Das intensive Ein- und Ausatmen versorgt den Körper wieder mit ausreichend Sauerstoff. Im Anschluss an diese Übung werden alle SpielerInnen wieder aufnahmefähig und konzentriert sein!

Im Juni

Farben

ich gibt es einfach überall ... Alle Dinge sind mit dir geschmückt ... Manchmal bist du ganz hell ... Ein anderes Mal dunkel ... Oft bist du auch ganz bunt ... Eine Zitrone beispielsweise ist gelb ... Eine Apfelsine leuchtend orange ... Kirschen sind dunkelrot ... Eine Wiese ist grasgrün ... Und das weite Meer ist tiefblau ... Ein Regenbogen hat sogar ganz viele »?« ... Wenn man zwei miteinander mischt, bekommt man eine neue heraus ... Zum Beispiel wird aus Gelb und Blau dann Grün ...

Dieses Rätsel ist nicht ganz einfach ... Aber vielleicht hast du doch erraten, wie man dich nennt ... Und wenn nicht, ist das auch nicht schlimm ... Wir können gleich gemeinsam überlegen, welche »?« uns sonst noch einfallen ...

Wie ein bunter Regenbogen

Material: für jedes Kind ein buntes Tuch in den Farben eines Regenbogens: Rot - Orange - Gelb - Grün - Blau - Lila; evtl. meditative Musik; Kassettenrecorder

Anzahl der SpielerInnen: mindestens 5 Kinder

erteilt euch bitte im Raum ... Ich werde nun herumgehen und jedem von euch ein Tuch geben ... Seid bitte so lange still und wartet, bis jedes Kind ein Tuch bekommen hat ...

Nun hat jeder von euch ein Tuch in einer anderen Farbe ... Stellt euch vor, ihr seid Farben und wandert durch die Luft ... Lasst dabei die anderen Kinder eure Farbe sehen ... Am besten nehmt ihr die Tücher dazu in eine Hand und haltet sie hoch ... Wenn ihr euch munter umherbewegt, flattern eure Farben im Wind, so dass ein jeder sie sehen kann ...

Ihr seid hoch oben am Himmel und die Sonne scheint ... Die hellen Strahlen der Sonne wärmen euch und lassen die Farben in einem tollen Glanz erscheinen ... Die vielen Farben wehen im leichten Sommerwind hin und her, ganz leicht und unbeschwert ...

Auf einmal schiebt sich eine dicke Regenwolke vor die Sonne, die prall gefüllt ist mit Regentropfen ... Nehmt euch dazu alle an die Hand und wandert ganz gemächlich als eine dicke Regenwolke durch den Himmel ...

Die Rhythmiktücher hängen sich die Kinder dabei locker um den Hals.

Die Sonne lässt sich jedoch nicht vertreiben und kämpft gegen den Regen an ... Die Sonnenstrahlen kitzeln die dicke Regenwolke ... Und die Regenwolke platzt auseinander.

Die Kinder kitzeln sich gegenseitig und lassen einander wieder los ...

Und siehe da, die Farben leuchten wieder hell und kräftig ... Aber nicht wie eben ... Sie verschmelzen miteinander ... Schaut, das Rot trifft mit Orange zusammen ...

Das Kind mit dem roten Tuch sucht das Kind mit dem orangefarbenen Tuch. Dieses fasst mit seiner noch freien Hand das andere Ende des roten Tuchs an. Gemeinsam gehen die beiden durch den Raum ...

Und das Orange trifft auf das Gelb, das so herrlich leuchtet wie eine frische Zitrone ...

Das Kind mit dem gelben Tuch fasst jetzt das noch freie Ende des orangefarbenen Tuches an und die drei bilden eine Kette …

Jetzt kann man deutlich einen grün leuchtenden Streifen am Himmel erkennen, der neben dem gelben Streifen leuchtet …

Es folgt noch ein blauer Streifen am Himmel …

Und zum Schluss leuchtet herrlich violett der letzte Streifen des Regenbogens …

Der prächtige Regenbogen ziert den Himmel und wandert gemütlich an ihm entlang …

Als lange Farbenkette wandern alle Kinder durch den Raum. Das Kind mit dem roten Tuch gibt die Richtung vor und die anderen folgen ihm. Den Schluss des Regenbogens bildet der Spielleiter, damit auch die Farbe Lila zur Geltung kommt!

Anmerkung

Am Anfang, wenn alle Kinder mit ihrer eigenen Farbe durch den Raum gehen und sich mit den Tüchern bewegen, eignet sich meditative Musik zur Begleitung. Auf diese Weise werden die Kinder durch die Klänge der Musik zusätzlich dazu angeregt, sich zu bewegen und die Tücher mit einzubeziehen.

Auch am Schluss, wenn der Regenbogen am Himmel entlangwandert, ist meditative Musik zur Begleitung sehr schön!

Wenn Sie die Entspannung stärker in den Vordergrund stellen möchten, können die Kinder darstellen, wie der Regenbogen langsam verblasst und wie er sich auflöst. Die Kinder könnten sich zum Beispiel auf den Boden legen, um sich von ihrem Regenbogendasein zu erholen und auszuruhen!

Im Juli

Der Sommer

ich gibt es nur einmal im Jahr … Immer dann, wenn der Frühling sich verabschiedet … Und bevor der Herbst beginnt … Sobald du da bist, fahren viele Menschen in Urlaub … Und das Schönste ist, dass du uns hier auf der Erde schönes Wetter bringst … Mit dir wird es meistens warm und die Sonne scheint … Wenn es dann richtig warm ist, spielen die Kinder draußen viel im Garten … Dort kann man dann wunderbar im Plantschbecken baden, was herrlich erfrischt und natürlich großen Spaß macht … Verrat mir, wer du bist …

Im Sommer scheint die Sonne hell und warm

Material: pro Kind ein gelbes Rhythmiktuch; klassische oder meditative Musik; Kassettenrecorder

Anzahl der SpielerInnen: mindestens 8 Kinder

eder von euch bekommt ein gelbes Tuch von mir … Bitte wartet, bis alle Kinder ein Tuch erhalten haben …
Jedes Kind nimmt sein Tuch in die rechte Hand und stellt sich in einen großen Kreis, so dass alle Kinder darin Platz haben … Mit der linken Hand greift ihr das noch freie Ende vom Tuch eures Nachbarn und haltet es fest … Wir sind jetzt ein geschlossener Kreis, der durch die Tücher miteinander verbunden ist … Haltet die Tücher bitte gut fest und lasst sie nicht los …

Wir sind die Sonne ... Da es aber noch Nacht ist, schlummern wir in unserem Sonnenbett und träumen von dem Morgen ...

Alle SpielerInnen kauern ganz dicht im kleinen Kreis zusammen auf dem Boden.

Die Sonne ist im Schlaf vollkommen ruhig und entspannt ... In ihren Sonnenstrahlen spürt sie eine angenehme Schwere und Wärme ...

An dieser Stelle wird ganz leise Musik eingeblendet. Diese sollte von ihren Klängen her an eine aufgehende Sonne erinnern!

Nun ist es an der Zeit, sich auf die Reise zu machen ... Die Nacht neigt sich dem Ende zu und der Mond hat sich vom Himmel verabschiedet ... Langsam und sacht macht die Sonne sich auf den Weg ... Sie reibt sich den restlichen Schlaf aus den Augen, reckt und streckt sich und gähnt einige Male ...

Dabei stehen alle SpielerInnen auf, reiben sich die Augen und machen Reck- und Streckbewegungen. Wer mag, darf gähnen oder ein paar mal tief ein- und ausatmen. Alle Kinder stehen dabei ganz eng zusammen und halten die Tücher fest.

Die Sonne wächst und wächst, während sie am Himmel emporwandert ...

Langsam, aber sicher gehen alle SpielerInnen Schritt für Schritt nach hinten, so dass der Kreis, also die Sonne, zu einer großen, dicken Kugel heranwächst.

Nun ist die Sonne groß und beginnt sich sachte im Kreis zu drehen.

Alle SpielerInnen drehen sich im Uhrzeigersinn.

Schneller und schneller wird die Sonne ... Und dabei schickt sie ihre warmen Strahlen auf die Erde ...

Erst drehen sich alle Kinder schneller im Kreis ... Dann werden sie langsamer, bis alle zum Stehen kommen. Die warmen Sonnenstrahlen werden folgendermaßen gespielt: Die SpielerInnen gehen in Richtung Kreismitte. Wenn sie sich in der Mitte getroffen haben, gehen sie rückwärts wieder langsam aus der Kreismitte nach außen. Kurz bevor die Tücher wieder ganz stramm sind, werden gleichzeitig das rechte Bein in den Kreis gestreckt und die Hände samt Tüchern nach hinten gehalten. Wenn man die SpielerInnen von oben betrachten würde, käme das wirklich den Sonnenstrahlen gleich. Die Bewegung der Sonnenstrahlen kann man ruhig einige Male nacheinander spielen, während die Sonne sich im Kreis stets ein kleines Stück weiterbewegt!

Und jetzt neigt sich der Tag langsam dem Ende zu ... Die Sonne zieht ihre Sonnenstrahlen wieder ein, weil sie sie für die Nacht benötigt: Sie geben ihr Wärme und halten sie geborgen ...

Die SpielerInnen gehen hierfür wieder mit kleinen Schritten auf die Kreismitte zu, bis alle ganz dicht aneinander stehen.

Die Sonne verabschiedet sich und zieht sich in ihr warmes Sonnenbett zurück. Dort macht sie es sich ganz gemütlich und schläft schließlich ein.

Die SpielerInnen hocken sich auf den Boden und machen sich ganz klein. Die Musik wird nun langsam leiser und schließlich ganz ausgestellt.

Die Übung bitte wie gewohnt beenden!

Im August

Ein Apfel

eistens bist du grün ... Es gibt dich aber manchmal auch in rot ... Kinder essen dich sehr gerne, denn dein Fruchtfleisch schmeckt süß ... Du wächst an einem bestimmten Obstbaum und im Sommer, wenn du herangereift bist, kann man dich pflücken ... In deinem Inneren wohnen viele, braune Kerne ... Und ganz oben wächst auf dir ein kleiner, fester Stiel ... Mit dem Stiel hängst du am Baum ... Man kann auch leckeres Gelee oder Mus aus dir machen oder dich in kleinen Scheiben auf einen Pfannkuchen legen ... Im Winter backt man dich gerne im Backofen und füllt dich mit Mandeln, Rosinen und Butter ... Hast du erraten, wer du bist?

Die Äpfel an dem Apfelbaum

Anzahl der SpielerInnen: 2 Kinder bilden je ein Paar

Für dieses Spiel braucht ihr alle einen Partner, den ihr euch jetzt suchen dürft ... Wenn ihr ein anderes Kind gefunden habt, geduldet euch bitte so lange, bis auch alle anderen sich zu zweit zusammengefunden haben ...

Der jüngere von euch ist nun ein Apfelbaum ... Er stellt sich so hin, dass er einen festen Stand hat ... Das geht am besten, wenn man die Beine ungefähr hüftbreit auseinanderstellt und die Knie nicht ganz durchdrückt ...

So, die Apfelbäume sind noch ganz nackt, denn es ist Winter ... Im Winter haben die Bäume ja bekanntlich keine Blätter und ihre Äste sind ganz kahl ... Traurig lassen die Apfelbäume ihre Äste hängen ...

Die Kinder lassen die Arme herunterbaumeln und haben den Kopf gesenkt.

Langsam verabschiedet sich der Winter ... Und der liebe Wind mit seinen dicken, aufgeblasenen Backen kommt und pustet die restlichen Schneewolken fort, damit der schöne Frühling kommen kann ... Ganz feste pustet der Wind ...

Die anderen Kinder pusten kräftig den Apfelbaum an.

Der Wind wird stärker und pustet kraftvoller, damit auch wirklich alle Wolken verschwinden ... Die Apfelbäume werden dabei richtig durchgeschüttelt ... Von rechts nach links wiegen sich dabei ihre Baumkronen ...

Die SpielpartnerInnen schaukeln die Apfelbäume sanft von rechts nach links, einige Male nacheinander.

Endlich, die Sonne ist da … Sie schickt ihre warmen Strahlen auf die Apfelbäume hinunter und streicht ihnen sanft über den Stamm, die Zweige und Äste …

Die SpielpartnerInnen streichen mit ihren Handinnenflächen über die Arme der »lebendigen« Apfelbäume. Wenn die Kinder damit einverstanden sind, dürfen ihre SpielpartnerInnen ihnen auch über Beine und Oberkörper streichen. Außerdem heben die Bäume ihren Kopf und halten ihn der warmen Sonne entgegen.

Wegen der Wärme und des hellen Lichts der Sonne kitzelt es den Apfelbäumen in den Zweigen und Ästen … Es juckt und zwackt, denn die lieben Knospen möchten wachsen …

Die SpielpartnerInnen kitzeln ganz vorsichtig die Arme der Apfelbäume durch, die diese weit von sich gestreckt haben, so dass die Arme zum Boden einen rechten Winkel bilden.

Wie schön die Knospen aussehen … Immer mehr blühen die schönen Knospen auf und strecken sich im Sonnenlicht … Viele Menschen, die an den Bäumen vorbeigehen, bleiben stehen und staunen über deren Schönheit …

Die SpielpartnerInnen gehen um die Bäume herum. Hin und wieder bleiben sie stehen, um die Bäume bewundernd anzusehen und um sich an ihrer Schönheit zu erfreuen!

Nun sind im Laufe der Zeit aus all den Blüten richtige Äpfel geworden … Sie haben ein ganz großes Gewicht und die Apfelbäume haben schwer daran zu tragen … Ganz schwer sind ihre Zweige und Äste …

Die SpielpartnerInnen drücken zunächst leicht ein paar Mal den linken ausgestreckten Arm des Apfelbaums und dann auch den rechten Arm hinunter. Die Bäume müssen dagegen halten.

Endlich ist es soweit ... Die Äpfel sind nun groß genug und können geerntet werden oder sich vom Wind herunterwehen lassen ... Er rüttelt kräftig an ihren Zweigen und schüttelt sie ganz und gar durch ...

Die SpielpartnerInnen greifen mit ihren Händen in die Hüften der Bäume und schütteln sie tüchtig aus, so dass alle reifen Äpfel hinunterfallen.

Die Bäume sind erleichtert und schwingen ihre Äste in der windigen Luft hin und her ... Dabei fallen auch langsam ihre Blätter herab ... Bis die Bäume im Winter keine Blätter mehr haben und auch die Sonne sich nicht mehr so oft zeigt ... Müde lassen die Apfelbäume ihre Köpfe, Äste und Zweige hängen ... Um sich vor dem Frost zu schützen, hüpfen sie auf der Stelle auf und ab ... Denn das hält warm ...

Die Übung nun wie gewohnt beenden!

Anmerkung

Nach dieser Übung bitte *nicht* vergessen, die Kinder ihre Rollen tauschen zu lassen und das Spiel mit veränderten Rollen zu spielen!

Im September

Der Wald

Du bestehst aus vielen Bäumen ... Manche deiner Bäume sind winzig klein ... Andere sind schon ganz alt und hoch gewachsen ... Die Menschen gehen gerne in dir spazieren ... Und es gibt viele Tiere, die in dir wohnen und sich bei dir wohl fühlen ... Rehe ... Eichhörnchen ... Hasen ... Und andere Tiere ... Sie leben gerne in dir, weil sie durch die vielen Bäume geschützt sind und weil es so herrlich ruhig ist ... Wenn der Herbst naht, verfärben sich an den Bäumen die Blätter und fallen allmählich ab ... Nur die Tannenbäume behalten ihre Nadeln ... Und es gibt bei dir auch Bäume, die ihre Früchte im Herbst verlieren ... Zum Beispiel der Kastanienbaum ... Dann kommen viele Kinder zu dir und sammeln die Kastanien, die von den Bäumen fallen ... Kennst du des Rätsels Lösung?

Wenn die Kastanien fallen

Material: evtl. einige Decken oder Turnmatten, um den Boden damit auszulegen

Vorbereitung: Decken und Matten auf dem Boden verteilen und auslegen

Anzahl der SpielerInnen: mindestens 1 Kind

Stell dir einmal vor, du bist eine Kastanie ... Eingekuschelt und sicher liegst du noch in deiner Schale und hängst hoch oben an einem Zweig im Baum ... Dabei bist du ganz ruhig und entspannt ... Du genießt die vollkommene Ruhe ...

Die Kinder liegen zusammengerollt am Boden.

Langsam spürst du, dass du größer wirst ... Ganz sachte wächst du heran und wirst größer und immer runder ...

Die Kinder begeben sich vom Liegen in die Hocke. Langsam und gemütlich gehen sie aus der Hocke in die Höhe, bis sie aufrecht stehen.

Nun bist du richtig ausgewachsen ... Aber du möchtest natürlich etwas sehen von der Welt da draußen und nicht ein Leben lang in dieser Schale sitzen ... Deshalb versuchst du jetzt, dich aus deiner Schale zu befreien ... Du drückst ... Du schiebst ... Du atmest tief ein und aus ... Reckst und streckst dich ... Bis ... Na, bis die Schale endlich platzt und du das Licht der Welt erblickst ...

Hui, da fällst du direkt zu Boden ... Und kullerst ein ganzes Stück des Weges entlang ...

Die Kinder bitte darauf aufmerksam machen, dass sie sich vorsichtig auf den Boden fallen lassen, damit sie weder sich noch einen anderen verletzen! Auch am Boden dürfen sie nur sacht herumkullern.

Ein kleiner Wind kommt und möchte mit dir spielen ... Er lässt dich mal hierhin, mal dorthin rollen ...

Nun möchtest du deine Ruhe haben und einfach nur faul auf deiner Haut liegen ... Ganz entspannt liegst du auf einer weichen und warmen Wiese ... Du schaust in den Himmel hinein ... Dabei bist du so vollkommen ruhig, dass du ganz viel neue Kraft und Energie sammeln kannst ... Schließe dazu einen Moment lang deine Augen ... Denn dann klappt es besser ... Außerdem solltest du dazu einige Male ganz tief ein- und ausatmen ...

Wenn du genügend neue Kräfte gesammelt hast, öffne deine Augen wieder und komme in deinem eigenen Tempo zurück in diesen Raum ... Setze dich leise hin und warte, bis auch alle anderen mit der Übung fertig sind.

Anmerkung

Bitte achten Sie darauf, dass alle Kinder vor der Übung ihre Schuhe ausziehen, damit sich keiner verletzen kann. Bei dieser Übung bewegen sich die Kinder sehr stark. Außerdem sollten Sie beachten, dass die Kinder genug Platz zur Verfügung haben. Jedes Kind sollte herumrollen können, ohne dass es sofort mit einem anderen zusammenstößt oder irgendwo aneckt.

Bei älteren Kindern oder wenn Sie mehr Zeit für die Vorbereitung investieren können, lassen sich mit Hilfe von Decken, Matten, kleinen Turnkisten oder einer Gymnastikrolle auch kleinere Hügel einbauen. Dann macht den Kindern das Kullern noch mehr Spaß! In dem Fall müssen Sie aber wirklich sehr darauf achten, dass jedes Kind genügend Platz für seine Bewegungen hat!

Oktober

Der Regen

Im Herbst fällst du oft vom Himmel ... Der Sommer ist vorbei und die Sonne lässt sich nicht mehr so häufig blicken ... Wenn der Himmel grau und farblos ist, fällst du in kleinen Wassertropfen auf die Erde herab ... Die Menschen gehen bei diesem Wetter nur mit einem Schirm oder mit Gummistiefeln vor die Tür, damit sie nicht so nass werden ... Aber wenn man gut angezogen ist und nicht nass werden kann, macht es viel Spaß, durch dich hindurchzulaufen, durch Pfützen zu springen, die

du auf den Wegen und auf den Straßen hinter-
lässt ... Wenn man sich im Haus aufhält, kann
man hören, wie die vielen kleinen Wassertropfen auf die Dächer trommeln, oder
man kann dabei zusehen, wie die kleinen
Tropfen an den Fensterscheiben hinun-
terkullern ... Na, du weißt sicher schon
längst, was gemeint ist ...

Pitsch, patsch, der Regen macht uns alle nass

Anzahl der SpielerInnen:
mindestens 1 Kind

Alle SpielerInnen legen sich
mit dem Rücken auf den
Boden oder auf eine Decke.

Stell dir vor, du bist ein
kleiner Regentropfen ...
Du liegst in einer dicken Regenwolke und träumst gerade
einen schönen Traum ... Du bist
ganz ruhig und entspannt ... Dein Körper ist angenehm schwer und
wohlig warm ... Du spürst, wie dein Atem ganz ruhig und regelmäßig in
dir ein- und wieder ausströmt ...

Langsam ist es für dich an der Zeit, dich auf den Weg zur Erde zu
machen ... Denn die Regenwolke hängt jetzt so voll mit Regentropfen,
dass sie jeden Moment platzen wird ... Du atmest tief ein und aus ... Du

streckst deine Arme und räkelst dich, damit du wieder munter wirst ... Dann stehst du auf und schaust von der Regenwolke hinunter auf die Erde ...

Jetzt heißt es fertig machen zum Absprung: 10-9-8-7-6-5-4-3-2-1 und los geht's ... Du springst von deiner Wolke hinunter, bis du unten auf der Erde ankommst und dort landest ... Und da es erst ganz langsam anfängt zu regnen, hüpfst du mit gemütlichen Sprüngen, mal auf diesen Fleck und dann auf jenen ...

Alle hüpfen gemütlich und in ganz gemächlichem Tempo durch den Raum. Dabei kann man auf einem Bein oder auf beiden Beinen hüpfen.

Nun regnet es langsam stärker ...

Das Tempo beim Hüpfen langsam steigern!

Und es regnet immer mehr und mehr ... Man kann richtig hören, wie der Regen auf das Kopfsteinpflaster prasselt ...

Geräuschvoll im Raum herumspringen.

Der Regen wird immer dichter und dichter ... Richtig laut fallen die Regentropfen auf die Erde ... Und mit einem Mal donnert es auch ...

Dazu ab und zu lautstark in die Hände klatschen und mit den Füßen stampfen.

Zum Glück sind die Regenwolken jetzt fast leer ... Es hört langsam auf zu regnen ... Immer weniger Regentropfen fallen vom Himmel herab ...

Die Lautstärke beim Hüpfen und Stampfen reduzieren, bis wieder alle im gemütlichen Tempo umherhüpfen, ohne Lärm zu machen.

Und nun bleiben am Boden nur noch einige Pfützen zurück ... Kein Regentropfen macht die Erde mehr nass ...

Alle SpielerInnen legen sich erschöpft von diesem Regenschauer auf den Boden und kommen zur Ruhe.

Je nach Bedarf können sich die Kinder eine Zeit lang entspannen, damit sie wieder neue Kräfte sammeln können.

Danach die Übung wie gewohnt beenden!

Im November

Ein Weckmann

Im November ist deine Zeit gekommen ... Du bist aus leckerem Hefeteig ... Deine Augen werden durch dicke, süße Rosinen angedeutet und in deinem Mund steckt eine Pfeife aus Ton ... Du hast rechts und links am Körper Arme und Beine ... Meistens bekommen dich die Kinder an dem Tag geschenkt, an dem Sankt Martin gefeiert wird und alle mit leuchtenden Laternen von Haus zu Haus ziehen und schöne Lieder singen ... Errätst du, was du in diesem Rätsel bist?

Wir backen einen Weckmann

Material: für jedes Paar eine Decke
Anzahl der SpielerInnen: 2 Kinder bilden je ein Paar

Sucht euch für dieses lustige Spiel einen Spielpartner, den ihr gut kennt und mit dem ihr die Übung gemeinsam machen möchtet ... Jedes Spielerpaar darf sich eine der Decken nehmen und einen Platz im

Raum suchen, an dem es die Decke ausbreitet ... Derjenige, dessen Geburtstag am längsten her ist, darf sich der Länge nach mit dem Bauch auf die Decke legen ... Das zweite Kind hockt sich daneben ... Seid bitte ganz ruhig und wartet, bis auch alle anderen soweit sind ...

Stellt euch nun vor, dass die Kinder, die auf den Decken liegen, aus leckerem Hefeteig sind ... Daraus wollen wir einen schönen Weckmann backen ... Doch zuerst müssen wir den Teig gut durchkneten, walken und ein bisschen durchklopfen, damit alle Luft aus dem Teig verschwindet ... Sonst platzt unser Weckmann beim Backen auf ...

Fangt also an und klopft euren »Teig« mit lockeren Fäusten von oben bis unten ordentlich durch ...

Ca. 60 Sekunden

Der Teig ist jetzt so gut bearbeitet, dass ihr damit beginnen könnt, euch euren eigenen Weckmann zu formen ... Als Erstes streicht ihr so über den Teig, dass rechts und links vom Körper zwei schöne Arme entstehen ... Streicht mit leichtem Druck die Arme entlang ... Erst den einen und dann den anderen ... Lasst euch so viel Zeit, wie ihr benötigt ...

Als Nächstes sind die Hände an der Reihe ... Streicht jeden der fünf Finger nach oben hin aus ... Wenn ihr mögt, dürft ihr die Hände auch ein bisschen warmrubbeln und kneten, damit der »Teig« geschmeidig bleibt ...

Nun formt die Beine ... Beginnt dazu wie bei den Armen an der einen Seite ... Und dann folgt die andere Seite ...

Wie bei den Armen werden mit beiden Händen gleichzeitig die Beine des liegenden Kindes hinabgestrichen, dabei wird leichter Druck auf das Bein ausgeübt. So, als wolle man die Beine wirklich modellieren.

Wenn ihr die beiden Beine geformt habt, könnt ihr zum Schluss noch einen tollen Weckmannkopf backen ... Dazu streicht ihr mit beiden Händen vorsichtig über die Teigkugel ...

Einfach mit den Händen sanft über Kopf und Haare des am Boden liegenden Kindes streichen.

Besonders große Aufmerksamkeit braucht natürlich das Gesicht des Weckmanns ... Am besten nehmt ihr dazu eure Finger zu Hilfe und modelliert und massiert ein wunderschönes Weckmanngesicht in den Teig ... Fahrt mit den Fingern vorsichtig und sanft über die Augenbrauen ... Die Augen ... Die Wangen ... Die Nase ... Den Mund ... Und dann über das Kinn ...

Wenn ihr jetzt noch das Gefühl habt, ihr müsstest an dem Weckmann etwas verbessern, so tut das jetzt, bevor er im Ofen knusprig und goldgelb gebacken wird ...

Wenn alle Kinder mit ihrem »Weckmann« fertig sind, die Übung wie gewohnt beenden!

✔ Anmerkung

Im Anschluss an diese Partnerübung sollten die Rollen der Kinder unbedingt gewechselt und die Übung noch einmal durchgeführt werden! Denn auch diejenigen, die gerade massiert und ihre Weckmänner bearbeitet haben, möchten in den Genuss einer Massage kommen.

Achten Sie darauf, dass die Kinder die Übung ohne Schuhe durchführen und bequeme Kleidung tragen. Im T-Shirt und dünner Hose spürt man die Berührungen am besten.

Wenn die Kinder bisher noch nie eine Massage dieser Art erlebt haben und die Scheu davor zu groß sein sollte, können sie diese Übung ebenso gut an sich selbst durchführen. Sie klopfen dabei einfach mit ihrer rechten Hand den linken Arm, danach umgekehrt.

Wichtig ist, dass die Kinder sich untereinander gut kennen, dass sie miteinander vertraut sind, dass sie sich mögen und dass sie vor allen Dingen die Grenzen, Wünsche und Bedürfnisse ihrer SpielpartnerInnen akzeptieren. Während der Massage können diejenigen, die den Weckmann spielen, auch leise Anweisungen an ihren Spielpartner geben und ihm deutlich sagen, wenn ihnen etwas unangenehm ist oder ihnen etwas besonders gut tut.

Je öfter diese Übung von den Kindern durchgeführt wird, desto leichter werden ihnen die Bewegungsabläufe von der Hand gehen. Zudem werden sie eigene Ideen entwickeln, wie sich der Weckmann noch berühren lässt, damit sich das Kind entspannen und wohl fühlen kann.

Im Dezember

Der Nikolaus

Nur ein einziges Mal im Jahr kommst du zu den Menschen ... Ein bestimmter Tag im Dezember ist nach dir benannt ... Du kommst dann auf einem großen Schlitten durch die Lüfte ... Vor den Schlitten sind Rentiere gespannt, die deinen Schlitten ziehen ... Der Schlitten ist ganz schwer beladen ... Denn für jedes Kind hier auf der Erde hast du ein Geschenk auf deinem Schlitten, ja, lauter Geschenke, die du an diesem Tag verteilst ... Du hast einen langen, weißen Bart und trägst einen warmen, roten Mantel ... Wer bist du wohl?

Der Nikolaus zieht von Haus zu Haus

Anzahl der SpielerInnen: mindestens 1 Kind

Stell dir einmal vor, du bist der Nikolaus ... Heute Nacht ist es endlich so weit ... Du wirst von Haus zu Haus ziehen und jedem Kind auf der Erde ein kleines Geschenk bringen ... Schon lange Zeit hast du auf diesen Tag gewartet ...

Draußen ist es bitterkalt ... Deshalb musst du dich ganz warm anziehen ... Deine Sachen hängen noch oben auf dem Speicher ... Also kletterst du vorsichtig die steile Treppe zum Dachboden hinauf ... Die Treppe knarrt leise ...

Pantomimisch lässt sich darstellen, wie man eine steile Treppe hochsteigt.

Du drehst den Schlüssel um, der im Schloss steckt ... Er klemmt wie jedes Jahr und wie immer nimmst du dir fest vor, das Schloss einmal zu ölen ... Du öffnest die Tür und nimmst deinen dicken roten Mantel von der Wäscheleine ... Auch deine Wollsocken hängen dort ... In einer Ecke stehen frisch geputzt deine Stiefel ... Doch vorher ziehst du dir die Socken über die Füße ...

Erst den rechten Socken anziehen. Danach den linken Socken überstreifen.

Und jetzt schlüpfst du in deine Winterstiefel ... Du stampfst feste auf, damit dein rechtes Bein in den Stiefel rutschen kann ... Dann schließt du den Reißverschluss ...

Und jetzt den linken Stiefel ... Auch in den musst du kräftig treten, damit dein Fuß hineinrutschen kann ... Und nun schließe auch an diesem Stiefel den Reißverschluss ...

Jetzt musst du dir noch den warmen gefütterten Mantel überziehen ... Und alle Knöpfe vorne zuknöpfen ...

Nun aber schnell wieder hinunter … Du steigst die Treppenstufen der Leiter herab … Unten steht schon dein vollbepackter Sack … Den darfst du natürlich nicht vergessen … Also bindest du ihn mit einer Kordel zu …

Und hebst ihn auf, damit du ihn dir über die Schulter hängen kannst … Puh, ist der dieses Jahr vielleicht schwer … Nach vorne gebückt und mit dem schweren Sack auf der Schulter beginnst du deine Reise …

Beschwerlich setzt du einen Fuß vor den anderen … Das ist gar nicht so einfach, denn es liegt hoher Schnee …

Und so wanderst du von Haus zu Haus … Vor jedes Haus legst du ein kleines Päckchen … Die Kinder haben dir ihre geputzten kleinen Schuhe vor dir Türe gestellt … Kein Haus vergisst du …

Schließlich ist dein Sack leer und du bist völlig erschöpft … Zu Hause angekommen ziehst du dir deine Stiefel aus …

Und den dicken Mantel …

Nur die Wollsocken lässt du an, damit deine Füße schön warm bleiben … Schnell schlüpfst du in dein Bett und machst es dir dort gemütlich … Du kuschelst dich hinein und schon fallen dir die Augen zu … Bevor du zu träumen beginnst, spürst du die tiefe Ruhe in dir … Ganz ruhig und vollkommen entspannt bist du … Du spürst eine angenehme Schwere in deinem Körper und die Decke hält dich ganz warm … Dann träumst du einen schönen winterlichen Traum …

Die Übung bitte wie gewohnt beenden!

Anmerkung

Zum Schluss, wenn die »kleinen Nikoläuse« zu träumen beginnen, kann leise meditative Musik erklingen. Die Kinder haben dann noch Zeit und Raum, um abzuschalten und ihre Seele baumeln zu lassen!

Noch gemütlicher wird es natürlich, wenn die Kinder Decken und Kissen zur Verfügung haben, um es sich wirklich richtig bequem und gemütlich zu machen. Eine Lichterkette oder der Schein einer Kerze unterstützt die Atmosphäre. Und zum Schluss werden die Kinder mit einem kleinen Glöckchen in die Realität zurückgeholt!

Komm mit ins Spiel-zeugland

Im Straßenverkehr

Anzahl der SpielerInnen: mindestens 1 Kind

Stell dir vor, du bist ein Auto … Ein Auto, das vier Räder und einen Motor hat, damit es fahren kann … Und so fährst du durch die Straßen … Achte dabei auf die anderen Teilnehmer und Fahrzeuge im Straßenverkehr …

Alle SpielerInnen bewegen sich auf ihre Weise kreuz und quer durch den Raum.

Wie dir sicherlich bekannt ist, wird der Straßenverkehr nicht nur durch Straßenschilder, sondern auch durch Ampeln geregelt … Wenn die Ampel Grün zeigt, dürfen alle Autos fahren … Springt die Ampel auf Gelb, müssen alle Acht geben, damit sie bei Rot rechtzeitig zum Stehen kommen … Aber jetzt zeigen alle Ampeln Grün und die Autos fahren …

Die Autos dürfen, weil es Spielzeugautos sind, so schnell oder langsam fahren, wie sie möchten … Dennoch sollen die Wagen mit keinem anderen Auto zusammenstoßen, damit es keine Beulen oder Unfälle gibt …

Achtung, die Ampel springt auf Gelb … Stopp, die Ampeln zeigen Rot …

Weiter geht's, die Ampeln springen wieder auf Grün … Alle Autos fahren durch die Straßen … Schneller und schneller … Oh, die Ampeln springen auf Gelb und nun zeigen sie Rot an …

Es ist Grün … Alle dürfen weiterfahren … Schneller und schneller brausen die Autos durch die Straßen …

Aufgepasst, die Ampeln springen auf Gelb um ... Und dann auf Rot ...

Und jetzt wieder auf Grün ... Die Autos sind müde und möchten nach Hause ... Jeder fährt in seine Garage und parkt seinen Wagen ... Die Autos hupen noch einmal ganz leise und sind nun still und regungslos ...

Die Übung nach einer kleinen Verschnauf- und Ruhepause wie gewohnt beenden!

Anmerkung

Wenn Sie dieses Spiel draußen auf dem Hof veranstalten, kann man mit bunter Straßenkreide auch richtige Straßen, Wege, Zebrastreifen usw. aufmalen.

Je mehr Kinder als Verkehrsteilnehmer mitspielen, desto lustiger wird es. Zusätzlich kann man mit Hilfe von Stühlen, Tischen oder Kartons Hindernisse aufbauen, um die die Kinder herumfahren müssen.

Um die Aufmerksamkeit und Beobachtungsgabe der Kinder zu schulen, kann man die Ampelphasen auch mit bunten Karten anzeigen, statt sie laut mitzuteilen!

Diese Übung ist so unkompliziert, dass sie auch gut für jüngere Kinder ab drei Jahren geeignet ist.

Die jeweiligen Ampelphasen kann man beliebig oft wiederholen, verlängern oder auch verkürzen. Je mehr Wechsel enthalten sind, desto interessanter wird das Ganze für die Kinder. Zudem fördert es ihre Reaktionsfähigkeit.

Ein blauer Ball mit roten Punkten

Anzahl der SpielerInnen: mindestens 1 Kind

Stell dir einfach mal vor, du wärst ein blauer Ball, der viele rote Punkte hat ... Du liegst in einer Kiste, die im Kinderzimmer steht ... Ganz ruhig liegst du da und träumst vor dich hin ...

Alle SpielerInnen liegen zusammengerollt auf dem Boden, so dass genug Platz zwischen ihnen ist.

Und jetzt hast du keine Lust mehr, einfach so herumzuliegen ... Du hüpfst aus der Kiste heraus ... Als Erstes schaust du dich um und kullerst durch das Kinderzimmer ...

Glücklicherweise ist Nele *(setzen Sie hier den Namen eines Kindes ein)* ins Zimmer gekommen und möchte mit dir spielen ... Sie dribbelt dich auf den Boden ... Dabei hüpfst du ganz schnell auf und ab ... Auf und ab ... Schließlich ist dir schon ganz schwindelig davon ...

Jetzt wirft dich Nele in die Luft und fängt dich wieder auf ... Ganz hoch in die Luft wirst du geworfen ... Und noch einmal ... Hoch in die Luft ...

Und jetzt rollt Nele dich zwischen ihren Beinen hin und her ... Immer rundherum im Kreis ...

Dann rollt Nele dich immer schneller und schneller im Kreis herum ...

Und jetzt auch mal in die andere Richtig, damit dir nicht schwindelig wird ...

Puh, ganz schön anstrengend ... Nele ist müde vom vielen Spielen und legt dich in die Kiste zurück ... Dort machst du es dir so richtig gemütlich ... Dein Atem wird immer ruhiger und schließlich fallen dir auch die Augen zu ... Ganz ruhig und entspannt liegst du da ... Bis dir ein schöner Traum ins Ohr schlüpft ...

Die Übung nach einiger Zeit wie gewohnt beenden!

Anmerkung

Zum Schluss, wenn der Traum beginnt, kann man ganz leise meditative Musik einblenden. Je nachdem, wie groß das Bedürfnis der Kinder nach Ruhe ist, kann man die Musik länger oder kürzer laufen lassen.

Wenn die Kinder Lust haben, können auch richtige Bälle »mitspielen«. Besonders jüngere Kinder ab zwei bis drei Jahren können auf diese Weise die Bewegungen des Balls besser nachvollziehen und schließlich selbst umsetzen.

Ich schenk dir einen Luftballon

Material: pro Kind einen aufgeblasenen Luftballon
Anzahl der SpielerInnen: mindestens 1 Kind

Du darfst dir einen der Luftballons nehmen, die hier im Raum auf dem Boden liegen ... Dies ist jetzt dein Luftballon, der mit dir spielen möchte ... Der Ballon wünscht sich, dass du ihn hoch in die Luft wirfst und wieder auffängst ... Das kannst du ruhig einige Male hintereinander machen ...

Nun stupst du den Ballon vor dir her ... Aber pass auf, dass er dabei nicht auf den Boden fällt ... Immer weiter fliegt der Ballon vor dir her ...

Wenn du Lust hast, kannst du jetzt einmal versuchen, den Luftballon mit Hilfe deines Knies in der Luft zu halten ... Immer wieder stupst du mit deinem Knie unter den Ballon ...

Kannst du das auch mit deinem Kopf ...? Dein Kopf stupst den Ballon wieder und wieder in die Höhe ...

Vielleicht hast du noch andere, eigene Ideen, was du mit deinem Luftballon alles machen kannst ... Du hast jetzt genug Zeit, um Neues in Ruhe auszuprobieren ...

Die Übung wie gewohnt beenden, wenn die Kinder anfangen, unruhig zu werden, und alle ein paar Ideen ausprobiert haben.

Anmerkung

Zum Schluss, wenn die Kinder ihre eigenen Ideen in die Tat umsetzen können, lässt sich meditative Musik einblenden. Diese inspiriert die Kinder zusätzlich.

Wenn Sie das Spiel mit jüngeren Kindern durchführen, die schnell keine eigenen Ideen mehr haben, können Sie Ihnen weitere Anregungen zu Bewegungsabläufen geben.

Da der Luftballon ein wunderbares Spielzeug ist, um das Kind an Stille heranzuführen, eignet er sich hervorragend in Verbindung mit Bewegung. Denn selbst die Bewegungen eines Ballons vermitteln immer noch ganz viel Ruhe und Eleganz. Seine Bewegungen verzaubern die Kinder schnell, lassen sie zur Ruhe kommen und sie allen Stress und jegliche Anspannung vergessen.

Dreh dich, kleiner Kreisel

Material: klassische Tanzmusik; Kassettenrecorder
Anzahl der SpielerInnen: 2 Kinder bilden je ein Paar

Sucht euch bitte für diese Übung einen Spielpartner ... Schaut euch im Raum um und sucht euch dann gemeinsam einen Platz, der euch genügend Freiraum lässt ... Stellt euch dort erst einmal nebeneinander auf, damit ich sehen kann, ob alle Kinder einen Partner gefunden haben ...

Der Kleinere von euch beiden darf zuerst einen Kreisel spielen ... Ihr kennt sicherlich alle die Spielzeugkreisel, die man kräftig drehen kann ... Munter und fröhlich drehen die bunten Kreisel sich dann auf dem Boden herum ...

Die Kinder, die den Kreisel spielen, stellen sich aufrecht hin und breiten ihre Arme weit aus ... Ihr Spielpartner nimmt nun eine der ausgestreckten Hände, fasst diese fest an und beginnt, den Kreisel fest anzustoßen, damit er Schwung bekommt und sich dreht ...

Der kleine Kreisel dreht sich munter um die eigene Achse ... Dann wird er langsamer und langsamer ... Und bleibt schließlich stehen ...

Einen Moment lang darf der kleine Kreisel verschnaufen und neue Kräfte sammeln ...

Wenn er dann so weit ist, wird er dieses Mal von seinem Spielpartner in die andere Richtung gedreht ... Hui, schau wie sich der kleine Kreisel wieder munter dreht ...

Doch bevor ihm schwindelig wird, dreht er sich langsamer und langsamer ... Bis er endlich wieder steht und sich ausruhen kann ...

Die Übung anschließend wie gewohnt beenden!

Anmerkung

Im Anschluss an diesen ersten Durchgang die Übung bitte noch einmal mit getauschten Rollen durchführen. Achten Sie auch darauf, dass die Kinder ausreichend Platz zur Verfügung haben, um sich im Kreis zu drehen, ohne mit einem anderen Kind zusammenzustoßen. Die Kinder sollten sich auch nicht zu schnell und lange im Kreis drehen, damit ihnen nicht schwindlig wird.

Die Tanzmusik, die die Bewegungen des Kreiselns hervorheben und unterstützen sollte, kann eingespielt werden, sobald den Kindern das Spiel klar ist. Am besten dann, wenn der Kreisel sich das erste Mal zu drehen beginnt. Die Musik sollte nicht zu laut sein, so dass man mit ruhiger Stimme, und ohne dabei schreien zu müssen, die Übungsanweisung sprechen kann.

Von Riesen und Zwergen

Anzahl der SpielerInnen: mindestens 1 Kind

Such dir bitte im Raum einen Platz, an dem du dich hinlegen kannst ... Mach es dir am Boden bequem und schließe deine Augen ... Höre einen Moment in dich hinein und prüfe, ob dich auch nichts mehr stört oder ob dir irgendetwas unangenehm ist ... Du bist ganz ruhig und entspannt ...

Stell dir nun einmal vor, dass du riesengroß wärst ... Deine Beine und Arme wären so groß wie Baumstämme ... Und natürlich auch so schwer ... Spüre die Schwere in deinen Armen und in deinen Beinen ...

Du darfst nun deine Augen wieder öffnen ... Versuche jetzt aufzustehen ... Und wenn du stehst, gehe mit deinen riesigen Beinen im Raum umher ... Ganz vorsichtig und mit langsamen Schritten ...

Schließlich möchtest du niemanden erschrecken ... Es kostet dich viel Kraft, die schweren, riesigen Beine anzuheben und einen Schritt nach dem anderen zu machen ... Aber das ist nun einmal so bei Riesen, wie du gerade einer bist ...

Jetzt stelle dich so hin, dass du einen guten, sicheren Stand hast ... Lass dabei deine Knie locker, damit sie dir besser Halt geben können ...

Schließe nun wieder deine Augen und stell dir vor, du würdest schrumpfen ... Du wirst kleiner und kleiner ... Bei jedem Mal, wenn du ausatmest, schrumpfst du ein Stück ... Du bist schließlich so klein wie ein Zwerg ... Öffne langsam deine Augen und schau dich dann im Raum um ... Wie sieht er nun aus, aus der Sicht eines Zwerges ...?

Gehe wieder im Raum umher, um alles auszukundschaften ... Du machst dabei ganz kleine Trippelschritte, denn mit deinen kurzen Beinchen kommst du nicht sehr weit ... Es dauert eine ganze Weile, bis du dir alles genau angesehen hast ...

Die vielen kleinen Zwergenschritte haben dich wirklich sehr müde gemacht ... Du suchst dir einen schönen Platz hier im Raum, an dem du es dir ganz gemütlich machst ...

Schließe deine Augen und spüre, wie du dich wieder zurückverwandelst ... Nun siehst du wieder aus, wie du in Wirklichkeit bist ... Doch du genießt einen Moment die Ruhe ... Ganz still ist es um dich herum ... Du bist vollkommen entspannt und spürst, wie wieder neue Kraft in dir fließt ... Nimm sie in dich auf, sie wird dir helfen ...

Die Übung bitte wie gewohnt beenden!

✔ Anmerkung

Sie sollten im Anschluss an diese Übung mit den Kindern über Ihre Eindrücke, Erfahrungen und Gefühle sprechen. Vielleicht möchten die Kinder erzählen, was ihnen als Riese gut gefallen hat und was sie am

Zwergsein schöner fanden. Wenn ein Kind nichts dazu äußern möchte, muss es das auch nicht. Vielleicht mag es lieber ein Bild malen, um sich mit dem Erlebten auseinander zu setzen.

Wenn Sie die Übung noch ausbauen möchten, können Sie den Kindern auch während des Ablaufs die Anweisung geben, einmal so laut zu sein wie ein Riese. Alle dürfen mit polternden, kräftig stampfenden Riesenfüßen durch den Raum laufen und, wenn sie möchten, auch so laut reden, schreien oder gähnen, wie richtige Riesen das auch tun würden.

Zum Ausklang und um auf die nachfolgende Ruhephase überzuleiten, bewegen sich alle SpielerInnen so leise und lautlos wie »echte« Zwerge.

Übrigens, Kinder haben an dieser Spielvariante sichtlich großen Spaß, weil sie auf diese Weise auch ihre angestauten Gefühle loswerden und zum Ausdruck bringen können.

Viele bunte Seifenblasen segeln durch die Luft

Material: Seifenblasen; meditative Musik; Kassettenrecorder
Anzahl der SpielerInnen: mindestens 1 Kind

Stell dir einmal vor, du wärst eine Seifenblase ... Eine wunderschöne, in allen Farben schimmernde Seifenblase, wie diese hier ... Du bewegst dich ganz elegant und fliegst ruhig und gemächlich durch die Luft ... Dabei ziehst du deine Runden ... Drehst dich im Kreis ... So, wie es dir gefällt ...

An dieser Stelle wird die Musik angestellt. Die Kinder bewegen sich ihren eige-
nen Wünschen und Bedürfnissen entsprechend zur Musik durch den Raum. Die
Musik inspiriert die Kinder zusätzlich. Und wenn Sie ab und zu weitere Seifen-
blasen in den Raum pusten, können sie die Kinder in ihre Bewegungen mit ein-
beziehen. Beispielsweise, indem sie durch diese hindurchlaufen, sie hochpusten,
fangend hinter ihnen herlaufen usw.

Schau dir dabei auch ab und zu die richtigen Seifenblasen an, wie
sie sich im Kreise drehen, schwerelos dahinschweben, ohne ein Ge-
räusch zu machen ...
Nun bist du ganz müde ... Erschöpft segelst du zur Erde und landest ganz sanft auf dem Boden ... Genau an der Stelle, die dir passend er-
scheint, um dich richtig auszuruhen ...

Die Musik wird wieder ausgestellt, sobald alle Kinder liegen.

Du schließt deine Augen und spürst, dass du mit einem Mal ganz
ruhig und entspannt bist ... Der Boden trägt dich sicher und er gibt dir
Halt ... Eine angenehme Schwere kannst du in deinem Körper wahr-
nehmen ... Wohlig warm fühlst du dich dabei ... Du lässt deine Gedanken ziehen und genießt die Ruhe, die sich ganz tief in dir ausgebreitet
hat ...

Die Übung nach einiger Zeit wie gewohnt beenden!

Anmerkung

Wählen Sie ein ruhiges Musikstück für diese Übung aus, die die elegan-
te, schwerelose Bewegung der fliegenden Seifenblasen unterstreicht und
deutlich hervorhebt.
Wenn Sie die Entspannungsphase am Schluss der Übung weiter in
die Länge ziehen und auskosten möchten, sollten Sie den Kindern für

die Übung Decken, Matten und Kissen bereitstellen, damit sie es sich gemütlich machen können und nicht anfangen zu frieren.

Ein kleiner Tipp

Wenn die Kinder mit solchen Übungen vertraut sind, kann man ihnen am Schluss Zeit zum Träumen lassen, begleitet von ganz, ganz leiser meditativer Musik. Bedenken Sie dabei, dass in dieser Entspannungsphase die gesamte Wahrnehmung sensibilisiert ist. Daher wirken selbst die kleinsten Geräusche oft laut. Aus diesem Grund sollten Sie die Musik wirklich nur so laut stellen, dass sie eben noch zu hören ist!

Ein Berg von Kissen lädt uns heut ein

Material: zahlreiche Kissen (Größe, Form und Farben sind dabei ohne Belang)
Anzahl der SpielerInnen: mindestens 4 Kinder

Heute machen wir etwas ganz Besonderes, was allen viel Spaß machen wird ... Hier vor uns am Boden liegt ein großer Berg mit Kissen ... Nach dem Startsignal kann die herrliche und lustige Kissenschlacht beginnen ... Jeder darf mit den Kissen nach Lust und Laune um sich werfen, toben, kullern und schieben ...

Auf die Plätze, fertig, los ...

Wenn die Kinder langsam außer Atem kommen und müde werden, fahren Sie mit folgender Übungsanweisung fort:

Nun darf sich jeder Kissen und Decken nehmen, um sich damit ein herrliches Bett zu bauen … In dieses traumhafte Bett aus Kissen und Decken dürfen sich alle hineinlegen, um sich nach dieser anstrengenden Kissenschlacht ausgiebig zu erholen …

1 bis 2 Minuten Pause

Wenn alle Kinder in ihren Betten aus Kissen liegen, schließen wir die Augen … Spürt einfach euren Körper … Ganz ruhig und entspannt sind eure Körper … Ihr spürt ein sehr angenehmes Schweregefühl in eurem Körper … Besonders gut spürt ihr diese Schwere in euren Armen und Beinen … Und Wärme strömt durch euren Körper … Wohlige, angenehme Wärme … Ihr fühlt euch richtig wohl und geborgen …

Nach einiger Zeit die Übung bitte wie gewohnt beenden!

Anmerkung

Das Schöne an einer bewegungsfreudigen Kissenschlacht ist, dass man sich dabei nicht wehtun oder verletzen kann. Wenn Sie dennoch Bedenken haben, bitten Sie einfach die Kinder, die Kissen nicht in Höhe der Gesichter zu werfen, sondern nur auf die Bäuche, Pos, Beine und Füße der anderen zu zielen. Auf jeden Fall sollten Sie ausreichend Kissen und eventuell auch Decken zur Verfügung stellen, damit alle Kinder mitmachen können.

Wenn Sie nicht genügend Kissen oder Decken zur Verfügung haben, fragen Sie Eltern, Kinder oder Freunde danach. Ein paar Kissen, die man gern einmal verleiht, hat sicherlich jeder zu Hause.

In der Schlussphase, wenn die Kinder richtig zur Ruhe gekommen sind und sich entspannen, kann man diese Entspannung selbstverständlich vertiefen und verlängern, indem man mit den Kindern noch eine Phantasiereise unternimmt oder indem man meditative Musik anstellt, so dass die Kinder selbst die Möglichkeit haben, ihrer eigenen Phantasie freien Lauf zu lassen.

Ein Segelschiff auf großer Fahrt

Material: pro Kind ein selbstgefaltetes Segelschiff aus Zeitungspapier; Decke/Matte, Kopfkissen

Vorbereitung: mit den Kindern aus Zeitungspapier Segelschiffe falten (siehe nebenstehende Anleitung)

Anzahl der SpielerInnen: mindestens 1 Kind

In deiner Hand hältst du ein kleines Segelschiff ... Das möchte heute auf große Fahrt gehen ... Suche dir einen freien Platz hier im Raum, an dem das kleine Schiff seine Reise beginnen soll ... Wenn du einen Platz gefunden hast, setze dich mit deinem Schiff dorthin ...

Stell dir vor, du und dein Segelschiff, ihr liegt in eurem Heimathafen ... Sanft schaukelt euch das Wasser im Hafen hin und her ... Hin und her ...

Die Kinders können sich mit dem Oberkörper dazu ganz leicht hin und her bewegen, als würde sie das Wasser tatsächlich ganz sanft schaukeln.

Jetzt möchte das Segelschiff auf große Fahrt gehen ... Es zieht seinen Anker hinauf ... Hauruck! ... Hauruck! ... Hauruck! ...

Alle Kinder stehen auf und stellen das Hinaufziehen des Ankers pantomimisch dar.

Puhh, geschafft: Der Anker ist endlich ganz oben ... Nun aber schnell die restlichen Leinen los und ab geht die Fahrt ... Das Segelschiff setzt sich gemütlich in Bewegung ... Es schippert immer geradeaus aus dem Heimathafen hinaus ...

Das kleine Segelschiff fährt einen Fluss entlang ... Nun segelt das kleine Schiff schon etwas schneller ...

Ab und zu kommen dem kleinen Segelschiff andere Schiffe entgegen und es wird von anderen überholt ... Dabei passt das Schiff stets gut auf, dass es nicht irgendwo anstößt ...

Der Fluss wird immer größer und das Wasser fließt schneller ... Und so wird auch das Segelschiff ständig schneller und schneller ...

Schließlich mündet der Fluss ins große, weite Meer ... Hier gibt es viele große Wellen, die das kleine Segelschiff mächtig schaukeln ... Hin und her geht es da ... Die Wellen haben viel Kraft und schütteln das kleine Segelboot tüchtig durch ...

Jetzt kommt auch noch ein Sturm auf ... Die dunklen Wolken ziehen sich am Himmel zusammen und lassen das Segelschiff immer noch schneller und schneller fahren ...

Schließlich hat sich der Sturm gelegt und auch die Wellen sind ruhiger geworden ... Am Horizont kann man nun einen kleinen Hafen erkennen, auf den das Segelschiff zusegelt ...

Im Hafen angekommen sucht sich das Segelschiff einen freien Platz und wirft seinen Anker ... Dazu darfst du dir eine Decke und ein kleines Kissen nehmen ... Mach es dir mit deinem Segelschiff an dieser Stelle ganz gemütlich ... Die Decke kannst du am Boden ausbreiten, damit du dich ... auf ihr ausstrecken kannst ... Wenn du magst, lege deinen ... Kopf dabei auf das Kissen ... Das Segelschiff, das du ... noch immer in deinen Händen hältst, darfst du auf deinen Bauch setzen ...

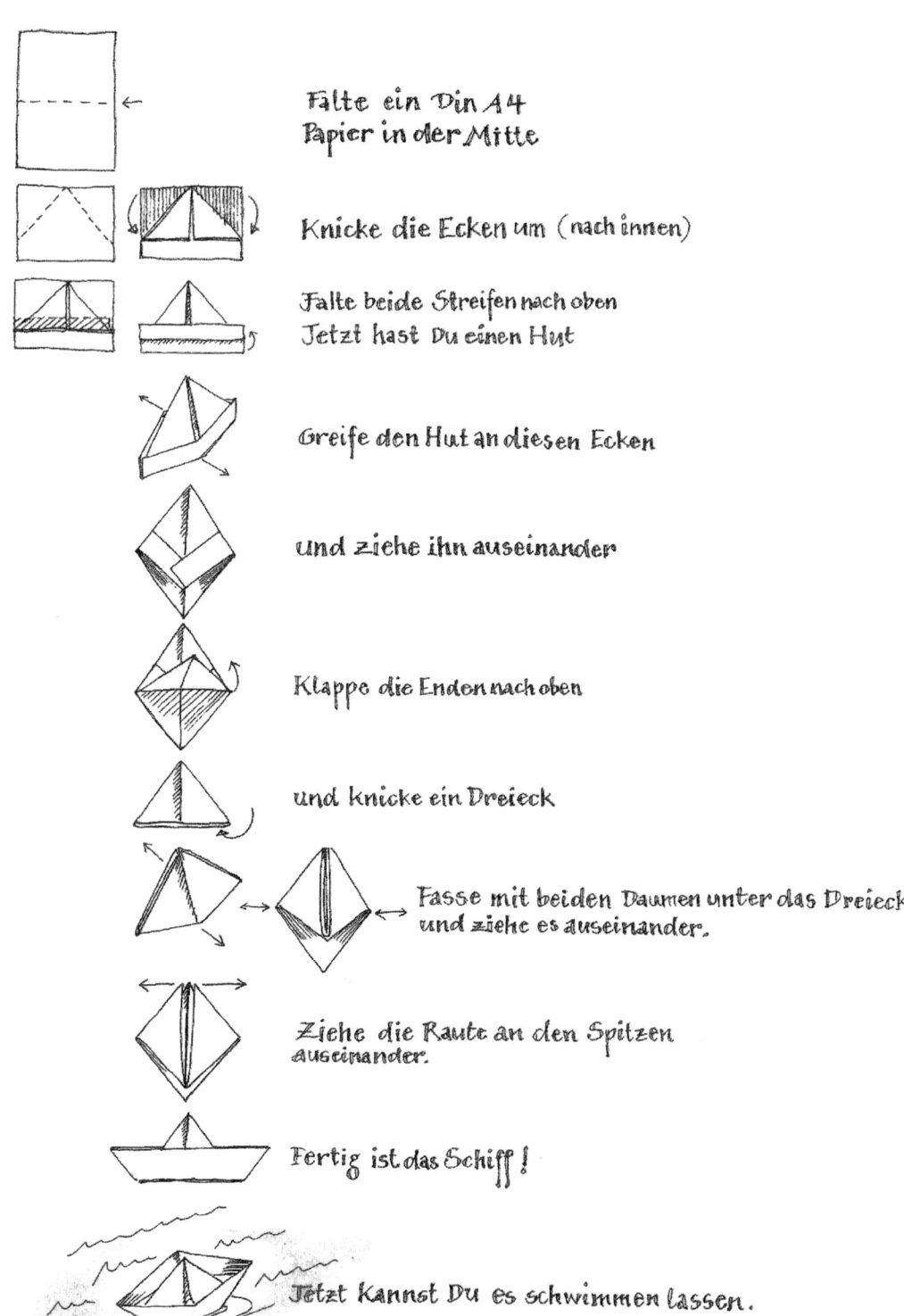

Falte ein Din A4
Papier in der Mitte

Knicke die Ecken um (nach innen)

Falte beide Streifen nach oben
Jetzt hast Du einen Hut

Greife den Hut an diesen Ecken

und ziehe ihn auseinander

Klappe die Enden nach oben

und knicke ein Dreieck

Fasse mit beiden Daumen unter das Dreieck
und ziehe es auseinander.

Ziehe die Raute an den Spitzen
auseinander.

Fertig ist das Schiff!

Jetzt kannst Du es schwimmen lassen.

Wenn das kleine Segelschiff auf deinem Bauch liegt, schließe einfach deine Augen ...

Versuche einmal, deinen Atem zu spüren, wie er in dich hinein und anschließend wieder aus dir herausströmt ... Sicherlich bist du von der großen Fahrt mit dem Segelschiff noch reichlich außer Puste ... Spüre, wie dein Atem immer ruhiger und gleichmäßiger wird ... Ganz ruhig und regelmäßig fließt dein Atem in dir ... Und jedes Mal, wenn du atmest, wird das Segelschiff auf deinem Bauch ganz sanft hin und her geschaukelt ... So, wie das Wasser im Hafen das Segelschiff schaukelt ... Je ruhiger und gleichmäßiger dein Atem in dir fließt, desto schöner ist es für das kleine Segelschiff ... Lass es dabei einfach in dir atmen, ohne dass du selbst deinen Atem bewusst steuerst ... Es atmet ganz alleine in dir ... Ruhig und regelmäßig ...

Dabei wird das kleine Segelschiff schließlich ganz sanft in den Schlaf gewiegt ... Es fühlt sich ganz wohl auf deinem Bauch und genießt es, deinen ruhigen Atem zu spüren ... Das Segelschiff ist nun sehr müde und schläft ein ... Und während das kleine Schiff schläft, träumt es von seiner großen Fahrt ...

Genieß auch du die Ruhe, um neue Kraft und Energie zu sammeln ...

Mindestens 60 Sekunden Pause

Die Übung nach einiger Zeit wie gewohnt beenden!

Anmerkung

Diese Übung spricht Kinder besonders an, wenn sie sich vorher ein eigenes Segelschiff aus Zeitungspapier falten dürfen (siehe S. 76). Damit entsteht ein sehr intensiver Bezug zu der Übung. Und für die Kinder ist es ein schönes Gefühl, das kleine Schiff mit Hilfe ihres Atems in den Schlaf zu wiegen. Die ruhige, vollkommen gleichmäßige Atembewegung sorgt in der Tat für eine sehr wohltuende, ganzheitliche Entspannung.

Wenn Sie diese Übung mit jüngeren Kindern, die zwischen zwei und drei Jahre alt sind, machen, können und sollten Sie den Text kürzen. In der vorliegenden Fassung ist die Übung für diese Altersgruppe entschieden zu lang.

Der Traum einer Feder

Anzahl der SpielerInnen: mindestens 2 Kinder

Stell dir vor, du bist eine kleine, wunderschöne Feder ... Du liegst in einem Vogelnest ... Der Vogel hat dich, als er sich geputzt hat, verloren ... Und so liegst du da und schaust dir vom Nest aus die vielen, grünen Blätter des Baumes an, auf dem das Vogelnest sitzt ... Der Wind bewegt die grünen Blätter leicht hin und her ... Und plötzlich kommt der kleine Wind vorbei und schaut in das Nest hinein ... Ach, denkt er sich, die kleine Feder soll auch einmal etwas von der Welt entdecken. Ich werde sie einfach aus dem Nest herauspusten ...

Und so rollst du dich langsam zur Seite und stehst auf ... Nun fliegst du aus dem Nest heraus ... Du drehst dich dabei ganz langsam im

Kreis ... Mal in die eine und mal in die andere Richtung ... Schließlich soll dir nicht schwindelig werden ...

Und dann kommt eine große Windböe und lässt dich schwungvoll über einen Acker fliegen ...

Die SpielerInnen breiten dazu ihre Arme aus und laufen in zügigem Tempo kreuz und quer durch den Raum, ohne die anderen Kinder anzurempeln.

Nun tanzt du kleine Feder über einen steinigen Kiesweg ... Der kitzelt dich und schüttelt dich durch ...

Alle gehen leichtfüßigen Schrittes auf Zehenspitzen im Raum umher. Die Schrittbewegungen machen den Anschein, als würden die Federn über den Kies tanzen und ihn nur ganz leicht berühren.

Der kleine Wind möchte mit dir tanzen und reicht dir seine Hände ... Munter dreht ihr euch gemeinsam im Kreis herum ...

Immer zwei Kinder fassen sich an den Händen und tanzen zusammen im Raum.

Jetzt ist der Wind selber völlig aus der Puste ... Er nimmt aber noch einen ganz, ganz tiefen Atemzug ... Bläst seine Plusterbacken auf und pustet dich in das kleine, gemütliche Vogelnest zurück ...

Alle fliegen mit ausgebreiteten Armen zu ihrem Platz zurück und legen sich hin.

Im Nest angekommen machst du es dir so richtig bequem ... Du kuschelst dich dort hinein und schließt deine Augen ... Ganz ruhig und entspannt bist du nun ... Du genießt die tiefe Ruhe und angenehme Stille um dich herum ... Dein Körper ist angenehm schwer und die warmen Strahlen der Sonne halten dich ganz geborgen ... Die Wärme der Sonne strömt durch deinen ganzen Körper ...

Die Übung wie gewohnt zurücknehmen, wenn die Kinder die Entspannungsphase nach einer Zeit beenden sollen.

Anmerkung

Um die Geschichte lebendiger zu machen, kann man auch aus Decken, Matten und Kissen ein großes Nest bauen, in das sich am Schluss alle hineinkuscheln können.

Wie lange die Kinder in der Entspannung verweilen sollen, können Sie selbst besser entscheiden. Wenn Sie den Eindruck haben, dass sie unruhig werden und ihre Aufmerksamkeit nachlässt, holen Sie sie aus der Übung zurück.

Besuch uns mal im Zoo

Paule Ping, der Pinguin

Material: eventuell pro Spieler eine Decke
Anzahl der SpielerInnen: mindestens 4 Kinder

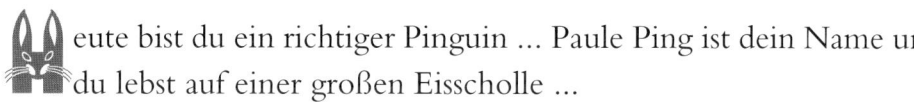eute bist du ein richtiger Pinguin ... Paule Ping ist dein Name und du lebst auf einer großen Eisscholle ...

Auf dieser Eisscholle ist es ganz schön glatt ... Wenn du auf der Eisscholle umherwanderst, musst du aufpassen, dass du nicht ausrutschst ...

Alle Kinder watscheln mit kleinen, patschigen Pinguinschritten im Raum umher.

Dann triffst du auf einen anderen Pinguin ... Dieser Pinguin ist dein Freund und deshalb begrüßt ihr euch freundlich ... Gemeinsam spielt ihr auf der Eisscholle Fangen ... Dann fasst ihr euch an den Händen und beginnt zu tanzen ...

Schaut mal, dort sind noch andere Pinguine ... Wenn ihr Lust habt, könnt ihr nun alle gemeinsam tanzen ...

Jetzt habt ihr aber genug getanzt und watschelt alle hintereinander her ... Wie eine lange Schlange bewegt ihr euch über die Eisscholle ...

Und nun springt einer nach dem anderen ins kalte Wasser ...
Plitsch, platsch, spritzt das Wasser hoch ... Und so tollt und schwimmt
ihr eine ganze Weile im kühlen Wasser umher ...

Völlig außer Puste hopst ihr auf die Eisscholle zurück ... Dort sucht
sich jeder Pinguin einen netten Platz zum Schlafen ...

Macht es euch dort so richtig gemütlich und kuschelt euch ein ...
Vor lauter Erschöpfung fallen euch die kleinen Pinguinaugen zu ...

Ruhig und ganz entspannt liegt ihr nun da ... Und dabei spürt ihr, wie wieder neue Kraft in euch fließt ...

Die Übung zum Schluss wie gewohnt beenden!

Anmerkung

Natürlich lässt sich diese Übung auch nur mit einem Kind durchführen, wenn man den Text dementsprechend umändert. Mehr Spaß macht es allerdings, wenn noch einige andere Pinguine mit von der Partie sind.

Je lebendiger man diese Geschichte gestaltet, desto intensiver nehmen die Kinder am Spielgeschehen teil. So kann man die Eisscholle z.B. mit Hilfe eines weißen Bettlakens und das Wasser mit blauen Tüchern, Tüll oder Streifen aus blauem Krepppapier darstellen. Wenn man die Übung im Freien macht, können sich die Kinder mit Straßenmalkreide eine Eisscholle aufs Pflaster malen.

Im Aquarium

Anzahl der SpielerInnen: mindestens 6 bis 8 Kinder

Stellt euch mal vor, ihr wärt Fische und würdet in einem riesig großen Aquarium leben ...
Jeder Fisch hat genug Platz zum Schwimmen ... Und so schwimmen alle auf ihre Weise in dem tollen Aquarium umher ... Aber denkt daran, dass die Fische ganz vorsichtig sind und mit keinem anderen zusammenstoßen ...

Nun möchten die Fische lieber zusammen etwas unternehmen ... Sie sammeln sich auf der einen Seite des Aquariums ...

Zuerst beschließen sie, ein Wettschwimmen zu veranstalten ... Dafür stellen sich alle Fische nebeneinander auf ... Auf die Plätze ... Fertig ... Los ...

Auf der anderen Seite angekommen, wollen die Fische einmal Wasserschlange spielen ... Hierfür schwimmt ein Fisch nach dem anderen langsam und gemütlich durch das klare Wasser ... Jeder Fisch schwimmt hinter einem anderen her ...

Oh, die Wasserschlange hat sich erschreckt und schlängelt sich ganz schnell in eine sichere Ecke des Beckens ... Schnell, schnell ...

Puh, gerettet ... Keinem ist etwas passiert ...

Jetzt schwimmen die kleinen Fische munter im Kreis umher ... Immer in die gleiche Richtung ... Schneller ... Immer schneller ... Und noch ein bisschen schneller ...

Stopp ... Nun in die andere Richtung ... Damit den Fischen nicht schwindlig wird ... Erst schwimmen alle Fische langsam ... Und dann schwimmen sie wieder schneller und schneller ...

»Stopp«, ruft einer der Fische ... »Jetzt blubbern und pusten wir riesengroße Luftblasen.« ... Alle anderen Fische sind mit dem Vorschlag einverstanden ... Die Fische pusten ... Und pusten ... Sie blubbern tolle Luftbasen, die alle an die Wasseroberfläche steigen ...

Welcher Fisch hat noch eine Idee ...?

Greifen Sie die Ideen und Bewegungsvorschläge der Kinder auf und setzen Sie sie nacheinander gemeinsam um!

Jetzt sind die Fische ganz schön müde und schlapp ... Sie suchen sich jeder einen schönen Fleck im Aquarium und machen es sich dort gemütlich ...

Langsam fallen einem Fisch nach dem anderen die Augen zu ... Ruhig und entspannt liegen alle da und erholen sich ... Jeder sammelt dabei so viel neue Kraft, wie er braucht ...

Die Übung bitte nach einiger Zeit wie gewohnt beenden!

Anmerkung

Zu Beginn der Übung, wenn alle »Fische« im Aquarium umherschwimmen, können Sie meditative Musik einspielen, die zum Thema Wasser passt und die SpielerInnen zusätzlich inspiriert. Wenn Sie nach einer Weile merken, dass die Kinder Anregungen brauchen, blenden Sie die Musik einfach aus und sprechen Sie die Übungsanleitung.

Ein dicker, grauer Elefant

Material: Ball oder ersatzweise Ballon
Anzahl der SpielerInnen: mindestens 4 Kinder

Stellt euch vor, ihr seid dicke, graue Elefanten ... Eure Nasen sind lange Elefantenrüssel, die munter hin und her schaukeln ... Mit ihren Rüsseln können sich die Elefanten gegenseitig zuwinken ...

Mit einer Hand fassen sich die Kinder an die Nase. Der andere Arm wird wie ein richtiger Rüssel durch den an der Nase sitzenden Arm hindurchgesteckt.

Ihr Elefanten habt keine Eile ... Mit schweren Elefantenschritten bewegt ihr euch im Raum umher ... Dabei wackelt euer Rüssel leicht hin und her ...

Der Zoowärter hat euch heute einen Ball zum Spielen mitgebracht ... Nun kommt richtig Freude auf ... Ihr stupst euch den Ball mit

Hilfe eurer Rüssel gegenseitig zu ... Der Ball kullert von einem Elefanten zum anderen ...

Den Ball könnt ihr auch durch eure großen, langen Elefantenbeine hindurchrollen ... Hui! Das macht Spaß ... Immer schneller und schneller rollt der Ball zwischen euch hin und her ...

Und jetzt fassen sich alle Elefanten an den Rüsseln und machen eine lange Kette ... Die Elefantenkette wandert munter und mit schnellen Schritten umher ... Passt dabei auf, dass keiner der Elefanten verloren geht ...

Nun habt ihr eine andere Idee ... Ihr möchtet Fangen spielen ... Der kleinste Elefant beginnt und darf mit seinem Rüssel einen anderen Elefanten antippen ... Ist ein anderer Elefant gefangen, muss dieser dem kleinsten Elefant beim Fangen der restlichen Elefanten helfen ... Bis wieder ein Elefant gefangen wurde und mithelfen muss ...

Puh, das war ein richtig anstrengender Tag ... Müde trotten die Elefanten zu ihrem Stall zurück und legen sich schlafen ... Ganz ruhig und entspannt liegen sie auf ihren Strohbetten ... Ihre Körper sind so schwer, wie sie nur bei richtig schweren Elefanten sein können ... Und das Stroh wärmt ihre Körper ... Das tut gut ...

Die Übung zum Schluss wie gewohnt beenden!

Anmerkung

Wenn viele Kinder bei diesem Spiel mitmachen, können Sie ruhig mehrere Bälle einsetzen. Mit nur einem einzigen Ball wird das Spiel sonst schnell langweilig. Sollten Sie Bedenken haben, dass das Spiel mit einem richtigen Ball zu wild wird, können Sie anstelle eines Spielballs auch einen großen Gymnastikball verwenden. Der ist nicht so schnell und kommt den behäbigen Elefanten etwas näher.

Flieg schon voraus, kleiner Vogel

Anzahl der SpielerInnen: mindestens
1 Kind

Suche dir einen Platz im Raum, an dem du dich ganz gemütlich hinlegen kannst ... Schließe dabei deine Augen und stell dir vor, dass du ein kleiner Vogel bist, der gemütlich eingekuschelt in seinem warmen Nest liegt ...

Am Morgen, als die Sonne aufgeht, schaut sie in dein Nest hinein und kitzelt dich mit ihren warmen Sonnenstrahlen sanft wach ...

Die Spielleitung geht von Kind zu Kind und kitzelt jedes Einzelne ganz vorsichtig wach.

Du reibst dir den Schlaf aus den Augen und flatterst aufgeregt mit deinen Flügeln ...

Alle Kinder bewegen ihre Arme auf und ab.

Du hüpfst einen Moment lang auf der Stelle, um die restliche Müdigkeit von dir zu schütteln ...

Und jetzt geht es los ... Keine Spur von Müdigkeit steckt mehr in dir und du bist endlich startklar ... Du schwingst deine schönen Flügel

kräftig auf und nieder ... Hui! Du fliegst aus dem Nest heraus in die weite Welt hinein ... Du fliegst eine ganze Weile lang durch die Lüfte ...

Die Kinder bewegen sich »flügelschlagend« durch den ganzen Raum hindurch.

Du ziehst kleine Kreise ... Dann hast du Lust, kleine Zickzacklinien zu fliegen ... Jetzt fliegst du, so schnell du kannst ...

Und dann wirst du langsamer und noch langsamer ... Das lange Fliegen hat dich müde gemacht ... Deshalb fliegst du geradewegs zu deinem Vogelnest zurück, das gut versteckt auf einem schönen Baum sitzt und schon auf dich wartet ...

Du legst dich in dein Nest hinein und schon fallen dir die Augen zu ... Dein kleiner Vogelkörper ist vollkommen ruhig und entspannt ... Dein Nest hält dich sicher und geborgen ... Und dein Federkleid schenkt dir wohltuende Wärme ... In deinem ganzen Körper spürst du die Wärme ...

Die Übung dann wie gewohnt beenden!

Anmerkung

Sie können diese Übung mit meditativer oder klassischer Musik untermalen. In diesem Fall reichen wenige Vorgaben. Die Kinder können sich von den verschiedenen Klängen inspirieren lassen und sich einfach zu der Musik bewegen.

Da das Flügelschlagen Platz in Anspruch nimmt, sollte ausreichend Raum für die SpielerInnen zur Verfügung stehen. An einem schönen Tag lässt sich die Übung auch auf dem Hof oder auf einer schönen Wiese durchführen. Die Kinder könnten sich am Schluss auf eine Decke legen und die angenehme Wärme der Sonnenstrahlen spüren ...

Laut brüllt der Löwe

Material: alte Kataloge, Zeitungen und Telefonbücher
Anzahl der SpielerInnen: mindestens 1 Kind

Stell dir einmal vor, du bist ein Löwe ... Ein richtiger Löwe, der gefährlich ist und der fürchterlich laut brüllen kann ...

Die SpielerInnen knien dabei auf dem Boden und stützen sich mit den Armen auf dem Boden ab.

Du bist furchtbar hungrig ... Und außerdem hast du Wut in deinem Löwenbauch ... Ganz viel Wut ... Du machst dich auf den Weg und streifst durch den Dschungel ... Dabei brüllst du so laut du nur kannst ... Schließlich sollen sich alle anderen vor dir fürchten und das Weite suchen ... Laut brüllend ziehst du durch den Dschungel ...

Die Kinder dürfen dabei so laut knurren und brüllen, wie sie möchten. Je lauter, desto besser!

Versuche, noch lauter zu brüllen, und richte dich mit deinen Vorderpfoten hoch auf, so dass du noch gefährlicher und größer wirkst ... Nun brülle einmal, so laut du nur kannst ... Noch ein bisschen lauter ...

Mit einem Mal hast du genau das Richtige gefunden ... Vor dir liegt ein umgekippter kleiner Baum, an dem du deine Wut nach Herzenslust auslassen kannst ...

Den kleinen Baum stellen die Kataloge, Telefonbücher und Zeitungen dar.

Du rupfst an dem Baum ... Reißt kräftig an seinen Ästen und Zweigen ... Du brichst und knickst die Äste von dem Baum ... Und dabei brüllst du so laut, wie eben nur ein Löwe brüllen kann ... Richtig zum Fürchten ...

Die SpielerInnen zerreißen die Kataloge, zerknüllen die Blätter usw.

Tat das gut ... Endlich hast du all deine Wut aus deinem Löwenbauch herausgebrüllt ... Frohen Mutes streifst du weiter durch den Dschungel ... Jetzt sieht dein Gesicht freundlich aus ...

Als du an ein schönes, sonniges Plätzchen kommst, machst du es dir gemütlich ... Du legst dich auf deinen Löwenrücken und streckst alle Viere der Sonne entgegen ... Dann schließt du deine Augen und bist vollkommen ruhig, ausgeglichen und entspannt ... Dein Löwenkörper ist schwer ... Ganz schwer ... Das ist ein angenehmes Gefühl ...

Die Sonne hier im Dschungel scheint besonders warm ... Und du spürst die warmen Sonnenstrahlen in deinem weichen Löwenfell ... Du fühlst dich rundherum glücklich und zufrieden ...

Die Übung bitte wie gewohnt nach einiger Zeit beenden!

Anmerkung

Diese Übung ist bei den Kindern sehr beliebt. Hier dürfen sie all ihren schlechten Gefühlen einmal besonderen Ausdruck verleihen und ihnen große Aufmerksamkeit schenken. Das Gute daran ist, dass die Kinder Gefühle wie Wut, Aggressionen usw. an den Katalogen und Papierseiten auslassen dürfen, denen das nicht wehtut.

Sprechen Sie mit den Kindern nach der Übung über die Gefühle, die sie als Löwen hatten. Was hat ihnen dabei gut gefallen und was fanden sie nicht so gut?

Auf sanften Pfoten schleicht die Katze

Anzahl der SpielerInnen: mindestens 1 Kind

u bist eine kleine Katze ... Schließe einen Moment lang deine Augen und stell dich dir als Katze vor ... Wie würdest du am liebsten aussehen ...? Welche Farbe hätte dein Fell ...?

Und jetzt beginne, wie eine richtige Katze hier im Raum umherzuschleichen ... Ganz elegant machen das die Katzen und ohne einen Laut von sich zu geben ... Kaum hörbar schleichst du auf sanften Pfoten im Raum umher und schaust dir alles ganz genau an ...

Jetzt hast du alles gesehen und suchst dir einen Platz, an dem du dich ordentlich putzen möchtest ... Wenn du einen schönen Fleck gefunden hast, setze dich dorthin und warte, bis auch all die anderen Katzen so weit sind ...

Zuerst leckst du dir die Pfoten ... Erst die rechte Pfote ... Und dann die linke ... Ganz gründlich und vorsichtig machst du das ...

Und dann kratzt du dich mit den Pfoten hinter den Ohren ... Denn auch dort muss natürlich sauber gemacht werden ...

Jetzt reibst du dir die Augen ...

Und streichst dir elegant über deine Schnurrbarthaare ... Bis auch diese ganz und gar sauber sind ...

Du juckst und kratzt dich am Hals ...

Und putzt deinen weichen Katzenbauch ...

Wie dein weiches Fell nun glänzt ... Richtig schön siehst du aus ... So machst du dich auf sanften Pfoten auf den Weg, um dir ein kuscheliges Plätzchen zum Schlafen zu suchen ...

Wenn du einen Schlafplatz gefunden hast, lege dich dort hin und rolle dich ein, bis du dich rundherum wohl fühlst und du es dir richtig gemütlich gemacht hast ... Lege deinen Kopf zwischen deine Pfoten und genieße die Ruhe ...

Die Übung im Anschluss wie gewohnt beenden!

Anmerkung

Lassen Sie den Kindern während der Übung Zeit, eigene Ideen mit einzubringen. Vielleicht haben sie auch Lust, noch andere Dinge zu tun, die eine Katze gerne mag. Beispielsweise Mäuse zu jagen oder mit einem Ball oder einem richtigen Wollknäuel herumzutoben!

Ganz gemütlich kriecht die Schnecke

Anzahl der SpielerInnen: mindestens 1 Kind

Schließe einen Moment lang deine Augen ... Stell dir dabei vor, du wärst eine Schnecke ... Eine Schnecke, ganz so, wie sie dir am allerbesten gefällt ... Ihre Farbe, Größe und ihr Aussehen darfst du allein bestimmen ...

Und jetzt öffne deine Augen und bewege dich wie eine Schnecke vorwärts ... Ganz gemütlich kriecht die Schnecke ... Sie kennt weder Hast noch Eile ... Im Schneckentempo ziehst du voran ... Dabei hast du Zeit, dir in aller Ruhe die Gegend anzusehen, durch die du kriechst ...

Da heute ein sehr schöner Tag ist und du gut gelaunt bist, fängst du an, dir in Zickzacklinien deinen Weg zu bahnen ... Natürlich ganz gemütlich ... Im Schneckentempo ...

Vor dir liegt ein kleiner Hügel ... Du musst dich mächtig anstrengen, den Hügel hochzukriechen ... Es geht nur sehr, sehr gemächlich voran ... Aber du kommst dem Gipfel immer näher ...

Puh, den Hügel hast du erklommen ... Du wischst dir die kleinen Schweißperlen von der Stirn und atmest ganz tief durch ...

Das tut gut ... Du suchst dir auf dem Hügel ein nettes Plätzchen, um dich von deiner Schneckenreise zu erholen ... Bevor du dich jedoch hinlegst und es dir so richtig gemütlich machst, reckst, streckst und räkelst du dich noch einmal ausgiebig ...

Nun kriechst du in dein Schneckenhaus und rollst dich ein ... Du fühlst dich entspannt und nimmst tief in dir eine große Ruhe wahr ... Dein Körper ist schwer ... Es ist eine sehr angenehme Schwere ... Denn du spürst die lange Wanderung in deinen Gliedern ...

Während du so in deinem schönen Schneckenhaus liegst und dich ausruhst, scheint die Sonne auf dich herab ... Du spürst die warmen Sonnenstrahlen durch das Schneckenhaus hindurch ... Deinen ganzen Körper durchströmt eine wohltuende Wärme ... Du fühlst dich richtig gut und schläfst zufrieden ein ... Und da träumst du auch schon einen schönen, wundervollen Schneckentraum ...

Die Übung nach einer gewissen Zeit wie gewohnt beenden!

Anmerkung

Wenn die SpielerInnen sich beim Beginn dieser Übung ein kleines Kissen auf den Rücken legen, macht das Ganze noch mehr Spaß. Zudem können sich die Kinder besser vorstellen, eine Schnecke zu sein. Und mit einem »Schneckenhaus« auf dem Rücken kann man schließlich auch nur ganz gemütlich den Weg entlangkriechen. Ansonsten würde man das Schneckenhaus ja verlieren. Und was würde schließlich eine Schnecke ohne ihr Haus anfangen?

Von der Raupe und dem Schmetterling

Material: meditative Musik; Kassettenrecorder; pro SpielerIn zwei bunte Rhythmiktücher (ersatzweise kann man auch bunte Seidentücher oder Tüll nehmen); für jedes Kind eine Decke oder ein Bettlaken

Vorbereitung: alle Decken und Bettlaken im Raum auslegen. Wenn Sie sie in Form von Blättern eines Baumes anordnen, wirkt die Übung auf die Kinder realistischer.

Anzahl der SpielerInnen: mindestens 1 Kind

u bist eine kleine Raupe ... Gemütlich krabbelst du von Blatt zu Blatt ... Du hast einen Bärenhunger und knabberst mal hier ... Und knabberst mal dort ... Du lässt dir dabei ganz viel Zeit, denn niemand kann dich aus der Ruhe bringen ...

Schließlich hast du so viel von dem Grünzeug geknabbert, dass du Bauchweh hast ... Du legst dich auf deinen Rücken und massierst dir in kreisenden Bewegungen den Bauch ... Oh, wie gut das tut ... Das Schöne dabei ist, dass der Bauch warm wird und sich entspannt ...

Doch plötzlich wirst du unendlich müde ... Du machst dich auf die Suche nach einem großen, schönen Blatt, in das du dich einrollen kannst, um in aller Ruhe zu schlafen ...

Die SpielerInnen kriechen langsam zu einer der am Boden liegenden Decken und rollen sich darin ein, bis nur noch ihre Nasenspitze herausschaut.

Schön warm ist es in deinem Blatt, in das du dich vollkommen eingerollt hast ... So kann dich ganz bestimmt niemand stören ... Dir fallen die Augen zu und du beginnst zu träumen ... Dabei hörst du aus der Ferne ganz leise, wunderschöne Musik ...

In diesem Moment stellen Sie ganz leise die meditative Musik an. Die Kinder hängen in dieser kleinen Pause ihren Gedanken nach.

Was ist denn das ... Es juckt dich in deinen Füßen ... Es krabbelt an den Beinen ... Es zwickt dich in den Bauch ...

Du musst leise lachen und versuchst, dich aus deinem Blatt zu befreien ...

Während die SpielerInnen sich aus ihren Decken herausschälen, geht die Spielleitung herum und legt neben jeden Spieler zwei der bunten Tücher.

Endlich hast du dich aus deinem Blatt befreit ... Du juckst, kratzt und rubbelst deinen ganzen Körper gut durch ... Bis zu den Füßen hinunter ...

An den Füßen angelangt, nehmen die Kinder rechts und links die am Boden liegenden Rhythmiktücher in ihre Hände.

Das ist ja Zauberei, geht es dir durch den Kopf ... Ich bin ja gar keine Raupe mehr ...

Die SpielerInnen schauen an sich und ihrem Körper erstaunt hinunter.

Ich bin ein wunderschöner Schmetterling ... Du hältst deine bunten, wunderschön schimmernden Flügel in das helle Licht der Sonne ... Einfach toll ...

Und dann flatterst du ganz sacht mit deinen beiden Flügeln auf und ab ... Dann etwas schneller ... Und hui, fliegst du durch die Luft ... Im Flug erkundest du die Landschaft ... Und vor lauter Freude darüber, dass du nun ein so prächtiger Schmetterling bist, tanzt du durch die Lüfte und lässt dir die warme Sonne auf die ausgebreiteten Flügel scheinen ...

Wenn die Musik bereits ausgeblendet wurde, kann man sie an dieser Stelle noch einmal anstellen und den Kindern Zeit geben, sich zu der Musik »fliegend« zu bewegen.

Die Übung dann nach einer Weile wie gewohnt beenden!

Anmerkung

Machen Sie die Kinder gegebenenfalls darauf aufmerksam, dass sich Schmetterlinge ganz schwere- und lautlos durch die Lüfte bewegen, falls einige SpielerInnen geräuschvoll durch den Raum ziehen sollten.

Ansonsten fasziniert die Kinder diese Übung, weil sie sich mit einem Mal verwandeln und in eine andere, neue Rolle schlüpfen können.

Der Tanzbär im Zirkus

Material: langes Seil; pro Kind ein aufgeblasener Luftballon; heitere Tanzmusik; Kassettenrecorder

Vorbereitung: das Seil ausgebreitet an eine Stelle im Raum auf den Boden
legen

Anzahl der SpielerInnen: mindestens 1 Kind

Stell dir einmal vor, du wärst ein Bär ... Aber kein einfacher Bär,
sondern ein richtiger Tanzbär aus dem Zirkus ... Vielleicht warst du
schon einmal im Zirkus und konntest dort Tanzbären beobachten ...
Tanzbären sind ganz fröhliche Gesellen, die für ihr Leben gerne tanzen
und spielen ...

Du beginnst dich in der Zirkusmanege zu bewegen ... Tapsig und
mit dickem Bärenbauch gehst du in der Manege umher ...

Die SpielerInnen halten ihre Hände gefaltet weit vor ihren Bauch.

Du hast das Hochseil in der Manege entdeckt ... Vorsichtig balan-
cierst du in Schwindel erregender Höhe über das Hochseil ... Bis du
wohlbehalten am anderen Ende ankommst ...

Die Tanzmusik wird angestellt.

Oh, Tanzmusik, wie schön ... Du setzt dich in Bewegung und beginnst zu der Musik zu tanzen ... Schließlich bist du ja ein echter Tanzbär ...

Dein Dompteur kullert Luftballons in die Manege ...

Der Spielleiter rollt die Ballons in den Raum.

Du nimmst dir einen bunten Luftballon und klemmst ihn zwischen deine Bärenbeine ... Nun watschelst du damit kreuz und quer zu der heiteren Tanzmusik umher ... Aber du bist dabei ganz vorsichtig, denn schließlich dürfen die Ballons nicht zerplatzen, weil sie am Abend noch für die Vorstellung gebraucht werden ...

Jetzt wirfst du den Ballon hoch in die Luft und fängst ihn dann wieder auf ...

Du stupst ihn eine Weile vor dir her ... Und kullerst ihn durch deine Beine ...

Der Dompteur klatscht in die Hände …

Die Spielleiterin klatscht in die Hände.

»Schluss für heute, die Probe ist beendet«, ruft er laut ... Auch die Tanzmusik ist nun zu Ende ... Erschöpft verlässt du jetzt die Zirkusmanege und tapst zurück in deinen Wagen ...

Hier machst du es dir so richtig gemütlich und legst dich auf die faule Haut ... Denn bevor am Abend die Zirkusvorstellung beginnt, musst du dich noch tüchtig ausruhen und neue Kraft sammeln ... Du schließt deine Augen und spürst die große Ruhe in dir ... Du bist vollkommen entspannt und fühlst dich rundherum warm und geborgen ...

Die Übung bitte wie gewohnt beenden!

Anmerkung

Nehmen Sie Vorschläge und Ideen der Kinder mit in diese Übung auf. Die Kinder können auch gemeinsam kleine Bewegungsabläufe ausprobieren, die sie z.B. in Zweiergruppen durchführen. Der Phantasie sind keine Grenzen gesetzt.

Tief unter der Erde, wo die Regenwürmer wohnen

Material: zahlreiche Bettlaken, Stoffbahnen oder ein riesiges Schwungtuch; viele Kissen; eventuell Pappkartons, Stühle und kleine Tische

Vorbereitung: Kissen, Stühle, Pappkartons und Tische werden auf dem Boden verteilt und anschließend mit den Bettlaken, Stoffbahnen oder dem Schwungtuch abgedeckt. Wenn möglich, sollte der Raum ein bisschen abgedunkelt werden.

Anzahl der SpielerInnen: mindestens 4 Kinder

Stell dir einmal vor, du hättest dich in einen kleinen frechen Regenwurm verwandelt ... Du bist ein sehr fleißiger Regenwurm ... Du kriechst und buddelst den lieben langen Tag unter der Erde umher ... Dabei baust du einen Gang nach dem anderen ... Zwischendurch triffst du hin und wieder auf einen anderen Regenwurm ... Ihr begrüßt euch freundlich und zieht dann weiter eures Weges ...

Du befindest dich gerade auf einer Wiese ... Aber da ist es für einen Regenwurm, wie du einer bist, viel zu hell und vor allen Dingen viel zu warm ... Also gräbst du dich vorwärts in die Erde hinein ... Du kriechst tiefer und tiefer, bis du im Reich der Regenwürmer angelangt bist ...

Recht finster ist es hier ... Doch das macht dir nichts aus ... Deine Augen sind an die Dunkelheit gewöhnt ... Du kriechst voran, indem du dich langsam vortastest ... Du kriechst in die Gänge, die du magst ...

Wenn du Lust hast, kannst du auch unter der Erde neue Gänge bauen und die alten verändern ... Aber pass auf, dass du dabei nichts kaputtmachst ... Schließlich musst du irgendwann wieder nach draußen kriechen ...

Puh, nun hast du ganz schön lange Zeit gearbeitet ... Such dir einen schönen Fleck unter der Erde und mach es dir dort richtig gemütlich ...

Schließe dann deine Augen und ruhe dich aus ... Nimm dir dazu so viel Zeit, wie du brauchst und magst ...

Die Übung wie gewohnt beenden!

Anmerkung

Sie müssen für diese Übung nicht unbedingt einen zeitlich großen Aufwand betreiben, um mit Hilfe der Kissen, Kartons usw. einen unterirdischen Gang zu bauen. Es reicht vollkommen aus (und ist auch für jüngere Kinder empfehlenswert), den Raum nur mit Decken auszulegen, unter denen die Kinder wie Regenwürmer durchkrabbeln können.

Oder Sie fragen die Kinder vor der Übung, ob sie selber Lust haben, aus den Kissen und Kartons eine unterirdische Höhle zu bauen, in der die Regenwürmer später umherwandern können.

Im Froschteich

Material: zahlreiche Seerosenblätter in Form von Matten, kleinen Decken, Holzreifen oder Kissen

Vorbereitung: Im Raum werden über den gesamten Boden die »Seerosenblätter« verteilt. Der Abstand sollte dabei nicht allzu groß sein. Denn die SpielerInnen sollten die Möglichkeit haben, von Seerosenblatt zu Seerosenblatt zu hüpfen.

Anzahl der SpielerInnen: mindestens 6 Kinder

u bist ein toller, grüner Frosch … Wie du sicherlich weißt, leben die Frösche gerne an einem See oder einer anderen Stelle, an der viel Wasser ist … Du bist also ein grüner Frosch und hockst auf einem wunderschönen Seerosenblatt, das dich sicher trägt …

Munter und fröhlich quakst du mit kraftvoller Stimme vor dich hin …

Doch immer nur auf dem einen Seerosenblatt zu hocken wird mit der Zeit ganz schön langweilig ... Und so machst du dich auf eine Entdeckungstour durch den See ... Von Seerosenblatt zu Seerosenblatt hüpfst du mit einem gekonnten Sprung, den nur Frösche beherrschen ... Und hopp ... Pass dabei gut auf, dass du keine nassen Füße bekommst ...

Ab und zu kann es passieren, dass du auf einem Seerosenblatt einen anderen Frosch triffst ... Quak ihm freundlich zu, stell dich kurz vor und nimm ihn zur Begrüßung in den Arm ... Dann quakst du noch einmal zum Abschied und hüpfst auf das nächste Blatt ... Quak ... Quak, quak ...

Nachdem du eine ganze Weile umhergehüpft bist, bist du völlig außer Puste ... Du machst es dir auf dem Seerosenblatt in aller Ruhe gemütlich ...

Wenn dich nun nichts mehr stört oder dir unangenehm ist, schließe deine Augen und lausche der Stille ...

Du bist nun vollkommen ruhig und entspannt ... Du spürst eine angenehme Schwere in deinen Armen und Beinen ...

Die warme Sonne schickt ein paar ihrer Strahlen zu dir und dem Seerosenblatt hinüber ... Wie gut das tut ... Du spürst die Wärme in deinem ganzen Körper ...

Und mit einem Mal merkst du, wie ein ganz sanfter Wind dein Seerosenblatt sacht, ganz sacht und vorsichtig hin und her schaukelt ... Ganz leicht schaukelt dich das Seerosenblatt ... Und du nimmst dabei deinen Atem wahr, der auch ganz ruhig und regelmäßig in dir fließt ... Dein Atem strömt ganz ruhig und regelmäßig ein und wieder aus ... Das verhilft dir zu neuer Kraft und Energie ... Nimm so viel davon in dich auf, wie du brauchst ... Und genieße die Ruhe ...

Die Übung dann wie gewohnt beenden!

Anmerkung

Diese Übung wirkt sehr entspannend. Die Hinwendung auf den eigenen, ruhigen Atemrhythmus intensiviert und verstärkt die gesamte Entspannung. Lassen Sie den Kindern am Schluss genug Zeit, ihren eigenen Atem zu spüren.

Wenn Sie schließlich der Ansicht sind, dass sich alle SpielerInnen ausreichend entspannt und erholt haben, beenden Sie die Übung auf gewohnte Art und Weise.

Achten Sie darauf, dass genügend »Seerosenblätter« zur Verfügung stehen und sich nicht stets mehrere Kinder auf einem einzigen Blatt tummeln. Denn die Kinder sollen schließlich auch genug Raum und Platz haben, um sich ausreichend bewegen zu können.

Ganz entspannt am Waldesrand

Schau, wie es fällt, das Blatt vom Baum

Material: pro SpielerIn ein grünes Rhythmiktuch

Anzahl der SpielerInnen: mindestens 1 Kind

Jeder bekommt von mir ein schönes, großes »Blatt« ... Ich werde herumgehen und jedem von euch eins in die Hand geben ... Wartet an eurem Platz und seid dabei ganz leise ...

Du hältst nun dein Blatt in der Hand ... Stell dir dabei vor, dass dein Blatt ganz hoch oben in einer prächtigen Baumkrone hängt ... Der Sommer geht allmählich seinem Ende zu und der Wind bläst immer stärker ... Der Wind mit seinen dicken Plusterbacken bläst so stark, dass dein Blatt hin und her geweht wird ...

Die Kinder pusten kraftvoll gegen das Rhythmiktuch, das sie mit ihrer Hand nach oben halten.

Schau, wie das Blatt hin und her geweht wird ... Und da, mit einem Mal kommt eine kräftige Windbö und dein Blatt wird vom Baum geweht ...

So feste es geht gegen das Tuch blasen!

Und jetzt wird dein Blatt von dem lieben Wind als Spielgefährte benutzt ... Immer wieder pustet er Luft unter das Blatt und lässt es ein Stück fliegen ... Sobald es sich der Erde nähert, haucht der Wind schnell wieder einen Luftzug unter dein Blatt, damit es weiterfliegen kann ...

Die Kinder pusten gegen das Tuch. Lassen es im Atemhauch flattern. Laufen ein kleines Stück. Neigen die Hand samt Tuch in Richtung Boden und hocken sich schnell auf den Boden, um dann, von unten, gegen das Tuch zu pusten. Hierauf stehen sie mit dem Tuch wieder schnell auf und wirbeln es in der Luft herum, bis es wieder in Richtung Boden gesenkt wird ...

So spielt der Wind eine ganze Weile mit dem Blatt ...

Schließlich geht ihm die Puste aus ... Völlig erschöpft nimmt er noch einmal einen ganz, ganz tiefen Atemzug .... Holt so tief Luft, wie es geht, und bläst gegen das Blatt ...

Die Kinder holen jetzt tief Luft und pusten mit ganzer Kraft fest gegen das Tuch.

Und im hohen Bogen, ganz geschwind und leicht, segelt dein Blatt eine ordentliche Strecke durch die Luft ... Schau, wie weit es fliegt, dein Blatt ...

Die Kinder halten die Tücher in ihrer hoch erhobenen Hand und laufen zügig durch den Raum, so dass die Tücher hinter ihnen herwehen.

Jetzt ist auch das Blatt richtig müde ... Langsam und gemächlich segelt es an einen schönen Platz in Richtung des Waldbodens ...

Alle SpielerInnen suchen sich einen Platz und legen sich dort hin.

Es legt sich an seinem Platz hin und schließt die Augen ... Unter sich spürt es den Waldboden, der das Blatt sicher trägt ... Es ist dabei vollkommen ruhig und entspannt ... Das Blatt fühlt sich schwer ... Vollkommen schwer und angenehm müde ... Die letzten Sonnenstrahlen schicken ihre ganze Wärme zu dir hinüber ... Du spürst, wie die angenehme Wärme durch deinen ganzen Körper strömt ... Wohlige Wärme spürst du ... Und dabei merkst du auch, wie wieder neue Kraft und Energie in dir fließt ... Nimm so viel Kraft in dir auf, wie du brauchen kannst ... Lass dir ruhig Zeit dabei ...

Die Übung im Anschluss wie gewohnt beenden!

Anmerkung

Im Anschluss an diese Übung kann man mit den Kindern über Blätter sprechen. Vielleicht haben sie ja Lust, sich eine Geschichte zu ihrem eigenen Blatt auszudenken: wo es gewachsen ist, an welchen Orten es bisher schon war und was es in seinem Leben schon alles erlebt hat.

Ich fühl mich wie ein Baum im Wind

Anzahl der SpielerInnen:
mindestens
1 Kind

Deine
Füße
sind
Wurzeln

Suche dir bitte hier im Raum einen Platz ... Wenn du dich für einen Platz entschieden hast, stelle dich dort aufrecht hin ... Deine Füße stellst du hüftbreit auf den Boden ... Drücke deine Knie nicht ganz durch, sondern lass sie locker, damit du einen sicheren Stand hast ...

Wenn dich nun nichts mehr stört, schließe für einen Moment deine Augen ... Spüre dann deine Füße, wie sie auf dem Boden stehen ...

Ca. 30 Sekunden

Stell dir vor, dein Körper wäre ein dicker, kräftiger Baumstamm ... Deine Füße sind die Wurzeln, die bis tief in den Waldboden hineinragen ... Sie geben dir nicht nur sicheren Halt, sondern versorgen dich auch mit allen wichtigen Nährstoffen, die der Boden für dich bereithält, und mit Wasser ... Deine Wurzeln sind ganz lang und verzweigen sich im Boden ...

Du stehst an einem wunderschönen Platz ... Wie der Ort, an dem du stehst, genau aussieht, darfst du dir so, wie es dir gefällt, in Gedanken ausmalen ...

Nun öffne deine Augen wieder ... Stell dir vor, ein schöner Tag erwartete dich ... Der Himmel ist strahlend blau, dir geht es prächtig ... Du reckst und streckst deine Äste der warmen Sonne entgegen ...

Die Kinder breiten ihre Arme aus und halten sie hoch. Dabei dürfen sich alle ausgiebig recken und dehnen.

Spürst du den leichten Wind, der sanft durch deine Baumkrone streift ...? Ganz leicht bewegt er deine prachtvolle, grüne Baumkrone hin und her ...

Die Kinder beginnen, sich ganz leicht und in einem ruhigen, gemütlichen Tempo hin und her zu bewegen.

Ist das schön ... Der Wind ist heute mal wieder besonders übermütig und weht nun schon etwas kräftiger durch deine Äste und Zweige ...

Und nun weht der Wind aus voller Kraft durch deine Baumkrone ... Stürmisch bewegen sich deine Äste und Zweige ...

Die Kinder bewegen sich nun recht schnell von rechts nach links. Auch ihre Arme beziehen sie in diese Bewegung mit ein.

Vollkommen durchgepustet wirst du jetzt ...

Die Kinder dürfen nun ihren Oberkörper und ihre Arme nach allen Richtungen hin und her bewegen und ihre Glieder ausschütteln, als würde tatsächlich ein Wind sie durchrütteln.

Der Wind ist außer Atem und kommt langsam zur Ruhe ...

Die Bewegungen der Kinder werden zunehmend langsamer, bis sie wieder ruhig und aufrecht stehen.

War das lustig ... Das Spiel mit dem Wind hat dir gut gefallen ... Doch jetzt schließt du deine Augen und genießt eine Weile die Ruhe und Stille ... Du stehst dabei ganz ruhig und entspannt mit beiden Beinen auf dem Boden ... Dein Atem fließt ganz unbeschwert durch deinen Baumstamm, bis tief in deine Wurzeln hinein ... Das tut gut und lässt ganz viel neue Kraft in dir fließen ...

Die Übung bitte nach einiger Zeit wie gewohnt zurücknehmen!

Anmerkung

Wenn die Kinder Lust dazu haben, dürfen sie auch während der gesamten Übung ihre Augen geschlossen halten.

Außerdem kann man die Übung auch etwas variieren, indem man sie als Partnerübung durchführt. Einer der beiden SpielerInnen spielt dann den Wind, der tüchtig pustet und bläst. Der andere Spieler stellt den Baum dar, der sich dazu im Wind bewegt.

Sause wie der Wind, geschwind, geschwind

Anzahl der SpielerInnen: mindestens 1 Kind

Stell dir vor, du wärst der Wind ... Der Wind mit dicken, großen Plusterbacken ...

Es ist gerade Herbst geworden, da hast du im Wald allerhand zu tun ... Schließlich müssen die Bäume noch all ihre bunten Blätter abwerfen, bevor der Winter kommt ... Deswegen hast du heute besonders viel vor ... Du holst ganz tief Luft und los geht es ... Du pustest und bläst alle Blätter von den Bäumen ...

Die Kinder gehen im Raum umher. Ab und zu bleiben sie vor einem »erdachten« Baum stehen und pusten aus Leibeskräften.

Ganz viele Bäume musst du von Blättern befreien ... Du pustest und pustest, als würdest du einen Wettkampf bestreiten ...

Nun hast du genug Blätter von den Bäumen geweht ... Schließlich möchtest du auch ein bisschen Spaß haben und das tun, was dir gefällt ... Am liebsten spielst du das Spiel »Rund-um-Bäume-Schlängeln« ... Dazu saust du wie der Wirbelwind um die dicken Stämme der Bäume herum und versuchst, dich selbst dabei zu fangen ... Dabei heulst du so schaurig, wie nur ein richtiger Wind heulen kann .... Uhhh .... Uhhh ...

Die Kinder flitzen im Kreis und in Zickzacklinien durch den Raum und heulen dabei wie der Wind. Zwischendurch atmen sie tief ein und aus, um auf diese Weise kleine »Windböen« zu erzeugen, schließlich stellen sie ja den Wind dar!

Welcher Wind hat heut den längsten Atem ...? Und wer kann dabei am allerlängsten heulen ...? Toll, wie schaurig das klingt ... Und soo herrlich laut ist es ...

Nun hast du Lust, ein wenig zwischen den Bäumen hindurchzutanzen ... Dabei bläst du kleine Winde vor dir her ... Ganz sanft stößt du die Luft aus ...

Dann ist der Tag fast vorbei ... War das heute wieder toll ... Das Toben und Pusten macht großen Spaß ... Doch nun legst du dich auf den Waldboden, ganz dicht an einen Baumstamm gekuschelt ... Jetzt schließt du deine Augen und atmest ganz ruhig und regelmäßig ein und aus ... Und während du deinem ruhigen, vollkommen gleichmäßigen Atem lauschst, spürst du eine große innere Ruhe in dir ... Du bist vollkommen entspannt und schläfst sogleich ein ...

Die Übung wie gewohnt beenden!

Anmerkung

Man kann für diese Übung beispielsweise Stühle in den Raum stellen, die die Bäume darstellen sollen. Um das Ganze plastischer zu machen, kann man einfach bunte Stoffe oder Bettlaken darüberhängen. Dann wirkt es ein bisschen echter.

Im Herbst, wenn auf den Wegen viele bunte Herbstblätter liegen, kann man die Blätter zuvor einsammeln und sie dann auf die in den Raum gestellten Stühle legen. Die Kinder können die Blätter dann während der Übung tatsächlich von den Stühlen blasen.

Für eine weitere Spielvariante teilt man die SpielerInnen in zwei Gruppen auf. Die einen stellen die Bäume dar, die im Wald stehen, und die anderen spielen den Wind, der um sie herumweht, der fangen spielt und andere Dinge tut, die ein Wind so macht. Nach einem Durchgang wird dann getauscht, so dass alle Kinder einmal den Wind spielen dürfen.

Sonne, Regen und Gewitter

Material: Becken oder ersatzweise 2 Topfdeckel
Anzahl der SpielerInnen: mindestens 6 Kinder

Hockt euch bitte in einem ganz kleinen Kreis in die Raummitte ... Ihr müsst wirklich so nah beieinander hocken, wie es nur geht ... Ihr seid nun die Sonne, die darauf wartet, dass der Morgen beginnt und sie am Himmel emporklettern darf ... Ganz ruhig und still wartet sie, bis ihr guter, alter Freund, der Mond, sich schlafen legt ...

Es ist so weit ... Die Sonne darf sich auf den Weg machen ... Fasst euch alle an der Hand und steht dann langsam gemeinsam auf ... Die Sonne wird größer und größer ...

Die Kinder gehen langsam Schritt für Schritt zurück, bis die Arme ganz ausgestreckt sind und alle im großen Kreis stehen.

Jetzt wandert die Sonne langsam am Himmel entlang und zieht ihren Kreis ...

Alle SpielerInnen bewegen sich im Uhrzeigersinn im Kreis.

Doch was ist das ...? Dicke Regenwolken tauchen plötzlich am Himmel auf ... Ein kräftiger Wind fängt an zu wehen und versucht, eine der grauen Regenwolken vor die Sonne zu schieben ...

Alle Kinder pusten kräftig und laut. Dabei wird der Kreis, den sie gebildet haben, immer wackeliger. Bis die Kinder einander schließlich loslassen und als einzelne Regentropfen umherwandern.

Jetzt ist die Sonne nicht mehr zu sehen ... Aber dicke Regentropfen platschen vom Himmel ...

Die Kinder gehen kreuz und quer durch den Raum. Bei jedem Schritt klatschen sie in die Hände und deuten auf diese Weise das Platschen der Regentropfen an.

Platsch ... Platsch ... Immer kräftiger und stärker regnet es ... Und immer mehr Regentropfen fallen dabei vom Himmel ...

Und dann fängt es auch noch an zu donnern ... Hört mal ...

Das Becken wird in regelmäßigen Abständen aufeinander geschlagen.

Und vor jedem Donnerschlag zucken helle Blitze am Himmel entlang ...

Die Kinder stellen die Blitze dar, indem sie in schnellem Tempo eine große Zick-zacklinie laufen.

Das ist vielleicht ein Gewitter ... Es blitzt und donnert ...

Doch mit einem Mal ist das Unwetter vorbei ... So schnell, wie es gekommen ist ... Und da lässt sich auch die liebe Sonne wieder am Himmel sehen ...

Alle Kinder fassen sich wieder an den Händen und bilden einen großen Kreis.

Doch nun neigt sich der Tag dem Ende zu ... Die Sonne wird immer kleiner und kleiner, bis sie schließlich gar nicht mehr zu sehen ist ...

Die Kinder gehen im gemütlichen Tempo, ganz langsam auf die Kreismitte zu, bis dort alle SpielerInnen zusammentreffen, um dann in die Hocke zu gehen.

Die Sonne hat sich nun schlafen gelegt ... Müde fallen ihr die Augen zu ... Dabei spürt sie, wie ruhig und entspannt sie ist ... Ihr Körper ist ganz schwer und wunderbar warm ... Dann träumt sie einen schönen Traum ...

Die Übung wie gewohnt beenden!

✔ Anmerkung

Diese Übung bietet einen wunderbaren Wechsel zwischen Bewegung und Entspannung. Vollkommen ruhig und entspannt erfolgt der Einstieg ins Spielgeschehen. Der Mittelteil ist zum Austoben, Bewegen und Lautsein da. Und ganz entspannt und ruhig klingt die Übung zum Schluss aus.

Munter fließt der kleine Bach

Material: mehrere blaue Bettlaken oder ersatzweise durchsichtige, reißfeste Abdeckfolie; meditative Musik, die zum Thema Wasser passt und Wassergeräusche eines Bachs gut widerspiegelt; Kassettenrecorder

Anzahl der SpielerInnen: mindestens 14 Kinder

Ich werde jetzt herumgehen und einigen Kindern eins der blauen Bettlaken geben ... Immer zwei Kinder dürfen ein Laken festhalten und es in der Luft auf und ab bewegen ... Die Bettlaken stellen das Wasser eines Bachs dar, das sich fröhlich bewegt und das munter seines Weges fließt ...

Die anderen Kinder, die kein Laken haben, werden zu kleinen Wassertropfen, aus denen sich ein fließender Bach zusammensetzt ... Wenn ich jetzt die Musik leise anstelle, dürfen sich die kleinen Wassertropfen munter umherbewegen ... Sie können dabei unter der Wasseroberfläche bleiben ... oder einmal auftauchen, um der Sonne ins Gesicht zu schauen ... Sie dürfen mit anderen Wassertropfen umhertanzen ... Sie können alle das tun, was ihnen am meisten Freude bereitet ... Nur laut

sein dürfen sie nicht, denn Wassertropfen sind immer leise und können nicht sprechen ...

Auf geht die Reise, kleiner Bach ... Lass dein Wasser und all die kleinen Wassertropfen munter umherfließen ...

An dieser Stelle wird die Musik eingeblendet. Diese sollte etwa drei bis fünf Minuten dauern. Während die Musik läuft, können sich die Kinder in ihrem »Bach« bewegen.

Nun sind die Wassertropfen ganz müde und erschöpft ... Sie legen sich auf den Boden des Bachs, schließen ihre Augen und lassen sich im Schlaf einfach treiben ... Dabei sind sie vollkommen ruhig und entspannt ...

Die Übung nach einiger Zeit wie gewohnt beenden!

Anmerkung

Die Spielerpaare, die jeweils ein Bettlaken halten und es dabei ganz leicht auf und ab bewegen, verteilen sich im Raum, so dass die anderen SpielerInnen unter den Bettlaken herkrabbeln können. Dazwischen können durchaus schmale Freiräume bleiben, in denen sich die Kinder auch einmal im Stehen zur Übung bewegen können.

Je mehr Kinder an dieser heiteren Übung teilnehmen, desto lustiger ist das Spiel. Das Einzige, was Sie hierbei beachten sollten, ist, dass die Kinder, die die Bettlaken halten, nicht daran reißen oder die Laken gar zu hastig auf und abschwingen dürfen. Es sollen mehr oder weniger ruhige Wasserbewegungen dabei entstehen und keine gewaltigen Wasserstrudel!

Hallo, Pusteblume, sag, wo fliegst du hin

Material: meditative Musik; Kassettenrecorder
Anzahl der SpielerInnen: mindestens 1 Kind

Suche dir einen Platz hier im Raum, an dem du dich hinkniest ... Warte dort ganz ruhig und still, bis auch alle anderen so weit sind ... Nun stell dir vor, du wärest ein Löwenzahn, der auf einer wunderschönen Wiese im Wald wächst ... Du wächst und wächst und veränderst dich dabei ...

Die Kinder stehen ganz langsam auf und strecken zum Schluss, wenn sie auf-
recht stehen, ihre Hände hoch über dem Kopf nach oben aus.

Du bist jetzt eine richtige Pusteblume ... Und du wartest nur noch
auf einen kräftigen Wind, der dir durchs Haar weht ... Denn dann kann
deine Reise beginnen ...

Da bläst endlich ein tüchtiger Wind ... Und er streift dir über den
Kopf und durch dein Haar ...

Die Kinder atmen tief ein und aus. Und sie pusten dabei, so fest sie können.

Und jetzt geht sie endlich los, deine Reise ... So lange hast du nun
schon auf sie gewartet ... Du saust durch die Luft und bist fröhlich und
ausgelassen ... Deine Reise ist einfach traumhaft ...

An dieser Stelle wird die Musik eingeblendet. Die Kinder können auf diese Wei-
se ihre ganz persönliche Reise gestalten und die Bewegungen umsetzen, die ihnen
gut gefallen. Dabei schauen sie sich auch die Umgebung an, durch die sie auf ihrer
Reise fliegen.

Deine Reise geht nun langsam, aber sicher zu Ende, liebe Pusteblume ... Such dir einen schönen Ort aus, an dem du landen möchtest ...

Die Musik wird wieder ausgestellt.

Und an deinem Landeplatz machst du es dir so richtig gemütlich ...
Dann schließt du deine Augen und spürst, wie ruhig und entspannt du
bist ... Dein Körper ist schwer und warm ... Du nimmst deinen Atem
wahr, der ganz ruhig und regelmäßig in dir fließt ... Vollkommen ruhig
und entspannt liegst du da und träumst von der Reise, die du soeben gemacht hast ...

Die Übung bitte nach einiger Zeit wie gewohnt beenden!

✓ **Anmerkung**

Im Anschluss an diese Übung sollten die Kinder die Möglichkeit haben, von ihren Erlebnissen während ihrer Reise durch die Welt zu berichten. Wer Lust hat, kann dazu auch ein Bild malen. Und wer mag, darf es den anderen in der Gruppe vorstellen. Zum Schluss kann man die Bilder an die Wand hängen, so dass sie sich jeder immer wieder ansehen kann. Eine schöne Erinnerung!

Im Ameisenhaufen ist was los

Material: Stühle oder kleine Tische, unter denen die Kinder herkrabbeln können; zahlreiche Kissen oder Luftballons

Vorbereitung: Stühle und Tische werden in kleinen Abständen im Raum verteilt. In einer Ecke liegen aufgetürmt die Kissen bzw. Luftballons.

Anzahl der SpielerInnen: mindestens 6 Kinder

Stellt euch bitte vor, dass ihr Ameisen wärt ... Ameisen leben in einem großen Ameisenhaufen, in dem immer etwas los ist ... Sicherlich habt ihr im Wald bei einem Spaziergang schon einmal einen richtigen Ameisenhaufen sehen und beobachten können ... Ameisen sind ganz pfiffige, flinke Gesellen, die den lieben langen Tag fleißig sind ...

Nun lebt auch ihr in einem tollen, großen Ameisenhaufen ... Dieser Ameisenhaufen ist jedoch noch nicht ganz fertig ... Ihr müsst es euch darin erst noch richtig gemütlich einrichten ... Deshalb dürft ihr jetzt an die Arbeit gehen und all die Dinge, die ihr zum Kuscheln braucht, zu eurem Ameisenhaufen transportieren ... Ihr könnt die Dinge alleine dorthin schleppen oder auch eine lange Kette bilden, so dass die gefundenen Sachen von Ameise zu Ameise wandern, bis sie schließlich wohlbehalten im Inneren des Ameisenhaufens angekommen sind ... Dann viel Spaß und gutes Schaffen, ihr kleinen, emsigen Ameisen ...

Geben Sie den Kindern genügend Zeit. Vielleicht entwickeln sie daraus ein längeres Spiel, weil sie eigene Ideen mit ins Spielgeschehen einfließen lassen.

Wenn ihr es euch im Inneren des Ameisenhaufens so richtig nett eingerichtet habt, dürft ihr euch natürlich auch hineinlegen und euch richtig einkuscheln ...

Die Übung wie gewohnt beenden!

Anmerkung

Sie haben am Schluss mehrere Möglichkeiten. Entweder Sie erzählen den Kindern, sobald Ruhe eingekehrt ist, eine schöne Phantasiereise für eine tiefere Entspannung. Oder Sie stellen ganz leise meditative Musik an, damit die Kinder dabei ihre Augen schließen und eine Zeit lang träumen können. Oder Sie überlassen den Kindern die Entscheidung, was sie gerne im Anschluss an das Vorherige machen möchten. Man könnte diese Gelegenheit auch für eine wohltuende, entspannende Massage nutzen.

Neben den Kissen können Sie für die Kinder auch Decken, Tücher, Kuscheltiere usw. bereitlegen. Damit können sie es sich im Ameisenbau noch bequemer machen und ihn schöner einrichten.

Es tanzen die Mücken im Licht der Sonne

Material: für jedes Kind zwei Rhythmiktücher; meditative Musik; Kassettenrecorder

Anzahl der SpielerInnen: mindestens 4 Kinder

enn ich nun von Kind zu Kind gehe, gebe ich jedem von euch zwei Tücher ... Nehmt davon in jede Hand eins ... Denn die Tücher sind jetzt eure kleinen Flügel ... Ihr selbst seid ein Schwarm Mücken, die im Licht der untergehenden Sonne tanzen ...

Sobald die Musik erklingt, dürft ihr eure zarten Flügel auf und ab schwingen ... Tanzt dabei im Licht der Sonne ... Ihr könnt alleine tanzen oder mit anderen zusammen ... Bewegt euch und tanzt, wie es euch gefällt ...

Die Musik wird angestellt.

Der Tag neigt sich immer mehr seinem Ende ... Und da verklingt langsam, aber sicher die Musik ...

Die Musik nach und nach leiser stellen und schließlich ganz ausblenden.

Ihr sucht euch einen netten Schlafplatz ... Wenn ihr ein gemütliches Plätzchen gefunden habt, legt euch dorthin und macht es euch ganz gemütlich ... Schließt eure Augen und spürt, wie die letzten Sonnenstrahlen der untergehenden Sonne eure kleinen Körper erwärmen ... Ganz warm und geborgen fühlt ihr euch unter dem Schutz der Sonnenstrahlen ... Vollkommen ruhig und entspannt seid ihr ... Genießt die Ruhe und sammelt neue Kraft und Energie für den nächsten Tag ... Tankt so lange Kraft, bis ihr das Gefühl habt, euch wieder richtig stark zu fühlen ...

Die Übung zum Schluss wie gewohnt beenden!

Anmerkung

Die Länge des Mückentanzes können Sie individuell auf Ihre Gruppe und die Kinder abstimmen. Die Dauer hängt sicherlich auch ganz davon ab, wie viel Erfahrungen die Kinder mit dieser Art von Übungen schon gemacht haben. Je öfter solche Übungen zum Bewegen und Entspannen durchgeführt werden, desto mehr eigene Ideen werden die Kinder mit Hilfe der bereits erlebten Dinge und Bewegungsabläufe entwickeln können.

Falls Sie keine Rhythmiktücher zur Verfügung haben sollten, kann man die Übung auch ohne Rhythmiktücher durchführen oder andere Tücher, Tüll oder Stoffreste verwenden. Die zarten, dünnen und scheinbar schwerelosen Rhythmiktücher tragen allerdings sehr gut zur Entspannung bei und verzaubern die Kinder für die Dauer der Übung.

Danksagung

Auf sanften Pfoten schleicht die Katze ist das dritte Buch, das von mir im Kösel-Verlag erschienen ist. Das ist für mich Grund genug, mich an dieser Stelle ganz herzlich bei den beiden Lektorinnen Silke Reidt und Dagmar Olzog zu bedanken. Die Zusammenarbeit mit ihnen war stets so harmonisch und unkompliziert, dass ich mich immer schon im Vorfeld auf die neuen Projekte freue, die wir gemeinsam erarbeiten.

Ebenso danke ich meinem Mann Oliver, der mich bei meiner Arbeit immer wieder unterstützt und sich vor allen Dingen um die Kinder kümmert, während ich am Computer sitze und mir Geschichten ausdenke.

Natürlich geht auch ein sehr herzlicher Dank an meine drei Töchter Finja, Pina und Nele, die mir ständig neue Impulse und Ideen für meine Bücher geben.

Nicht vergessen möchte ich bei dieser Gelegenheit meine Oma Elfi, die alle meine Bücher liebt und sie wie einen guten Schatz hütet ...

Zu guter Letzt möchte ich auch einmal all den Kindern danken, mit denen ich im Laufe der letzten Jahre in meinen Kursveranstaltungen zusammen gearbeitet habe. Sie haben besonders dazu beigetragen, dass ich die Übungen auch in der Praxis erproben und reflektieren konnte.

Dies gilt auch für alle PädagogInnen, die an meinen Fortbildungen teilgenommen, sowie all jenen, die mir in zahlreichen Briefen von ihren positiven Erfahrungen berichtet haben. Die Gespräche mit ihnen und die Erfahrungen, von denen sie berichten, bestärken mich in meiner Arbeit.

Ihnen allen ein ganz großes Dankeschön!

Sabine Seyffert

Empfehlenswerte Literatur und Musik

Andrea Braun: *Leicht wie eine Feder. Kreatives Tanzen mit Kindern.* Kösel-Verlag, München 1997. Zu diesem Buch ist eine CD mit Musik erhältlich.

Dorothée Kreusch-Jacob: *Lieder aus der Stille.* Liederheft, MC und CD. Patmos Verlag, Düsseldorf 1995

Dorothée Kreusch-Jacob: *Das Wolkenboot.* Liederheft, MC und CD. Patmos Verlag, Düsseldorf 1996

Eva Manteufel und Norbert Seeger: *Selbsterfahrung mit Kindern und Jugendlichen. Ein Praxisbuch.* Kösel-Verlag, München, 3. Aufl. 1998

Maureen Murdock: *Dann trägt mich meine Wolke ... Wie Große und Kleine spielend leicht lernen.* Zu diesem Buch sind auch MC und CD erhältlich. Hermann Bauer Verlag, Freiburg, 9. Aufl. 1998

Gisela Preuschoff: *Kinder zur Stille führen. Meditative Spiele, Geschichten und Übungen.* Herder Verlag, Freiburg 1996

Sabine Seyffert: *Entspannte Kinder lernen besser. Vor dem Lernen erst den Stress beseitigen – Übungen, Geschichten, Tips.* Herder Verlag, Freiburg, 2. Aufl. 1999

Sabine Seyffert: *Ein Himmel voller Luftballons. Spiele mit Luftballons zum Toben, Entspannen und Träumen.* Menschenkinder Verlag, Münster 1996

Sabine Seyffert: *Kleine Mädchen – Starke Mädchen. Spiele und Phantasiereisen, die mutig und selbstbewusst machen.* Kösel-Verlag, München, 3. Aufl. 1999

Sabine Seyffert/Paul G. Walter: *Komm mit auf meine Traumwiese. Autogenes Training für Kinder.* Buch, MC und CD. Musikbär-Verlag und Tonstudio Paul E. Walter, Schriesheim 1995

Sabine Seyffert: *Komm mit ins Regenbogenland. Phantasiereisen, Entspannungsrätsel und Gute-Nacht-Geschichten.* Kösel-Verlag, München, 2. Aufl. 1998

Sabine Seyffert: *Sei ganz entspannt im Zauberland. Autogenes Training mit Kindern – Geschichten und Übungen.* Bergmoser & Höller Verlag, Aachen 1996

Sabine Seyffert: *Viele kleine Streichelhände. Kinder massieren Kinder.* Menschenkinder Verlag, Münster 1997

Lawrence Carls und Volker Zöberlein: *Alohin. Harmonische Musik zum Träumen für Kinder.* Edition Neptun, München 1993

Lawrence Carls und Volker Zöberlein: *Sandalin. Harmonische Instrumental-Musik zum Träumen für Kinder.* Edition Neptun, München 1993

Deuter: *The Land of Enchantment.* Kuckuck Schallplatten ERP Verlag, München 1996

Gomer Edwin-Evans: *Gute-Nacht-Musik.* Edition Neptun, München 1993

Kitaro: *Silk Road.* Kuckuck Schallplatten ERP Verlag, München (o.J.)

Nena: *Rabatz.* Polydor, Hamburg 1999. Hier die Pantomimenlieder.

Camille Saint-Saens: *Der Karneval der Tiere.* Karussell Records, Hamburg (o.J.). Diese Musik eignet sich hervorragend für die Übungen aus dem Kapitel *Besuch uns mal im Zoo.*

Christiane Sautter: *Meditation für Kinder.* Eine Tonkassette. Ch. Falk Verlag, Seeon 1993

Arnd Stein: *Harmonie, Vol. 2.* Verlag für therapeutische Medien, Iserlohn 1992

Veranstaltungen und Seminare mit der Autorin

Sabine Seyffert, staatlich anerkannte Erzieherin, Entspannungspädagogin, Psychologische Beraterin und Bachblütentherapeutin ist freiberuflich tätig. Sie bietet Kurse in Autogenem Training für Kinder, Jugendliche und Erwachsene an, Entspannungstrainings für Kinder im Kindergartenalter, Wohlfühlwochenenden sowie mehrere Fortbildungsveranstaltungen zum Thema Entspannung mit Kindern für PädagogInnen. Seit 1999 bietet sie in Zusammenarbeit mit einer Kollegin eine berufsbegleitende Zusatzausbildung zum *Entspannungstrainer für Kinder* an.

Wer Interesse an Entspannungskursen, Fortbildungsseminaren oder der Ausbildung zum Entspannungstrainer/zur Entspannungstrainerin hat, kann sich schriftlich an folgende Adresse wenden (bitte 4,40 DM in Briefmarken als Schutzgebühr beifügen!):

Praxis für Entspannungspädagogik und Kreativität
z.Hd. Sabine Seyffert
Schlüssel 122
42329 Wuppertal